Stille Nacht, Heilige Nacht ... – kein anderes Fest wurde von den Dichtern so häufig besungen wie das christliche Weihnachtsfest. Zu Weihnachten gehören heute bange Erwartung und Vorfreude, die Lobpreisung des Herrn und Christi Geburt ebenso wie der aus heidnischen Zeiten überlieferte Tannenbaum, die Geschenke und der Weihnachtsmarkt.

Der vorliegende Band versammelt die schönsten Weihnachtsgedichte der deutschen Sprache von Walther von der Vogelweide, Martin Luther, Johann Wolfgang Goethe, Annette von Droste-Hülshoff und vielen anderen bis zu Hugo von Hofmannsthal und Rainer Maria Rilke.

insel taschenbuch 2785

Weihnachtsgedichte aus tausend Jahren

Weihnachtsgedichte aus tausend Jahren

Ausgewählt von Gesine Dammel

Insel Verlag

Umschlagabbildung:
Rosso Fiorentino, Madonna mit vier Heiligen
(Ausschnitt). Öl auf Holz, 1518. Uffizien, Florenz

insel taschenbuch 2785
Erste Auflage 2001

Quellennachweise am Schluß des Bandes
Vertrieb durch den Suhrkamp Taschenbuch Verlag
Satz: Hümmer GmbH, Waldbüttelbrunn
Druck: Ebner & Spiegel, Ulm
Printed in Germany
ISBN 3-458-34485-3
ISBN 978-3-458-34485-8

3 4 5 6 7 8 – 11 10 09 08 07 06

Weihnachtsgedichte

WALTHER VON DER VOGELWEIDE

Gesegnet möchte ich heute aufstehen

Gesegnet möchte ich heute aufstehen,
Herr Gott, in Deinem Schutze gehen
und reiten, wohin ich mich auch wende.
Herr Jesu Christ, laß mich teilhaben
an der überreichen Fülle der Güte Dein,
und steh mir bei, nicht zuletzt um Deiner
Mutter willen.
Wie ihr der heilige Engel half,
und auch Dir, der Du in der Krippe lagst,
als junger Mensch und alter Gott.
demütig vor dem Esel und dem Rinde,
– auch der gute Gabriel
nahm sich Deiner ernsthaft und getreulich an –
genauso behüte auch mich, daß Dein
göttliches Gebot sich an mir erfülle.

JOHANNES TAULER

Weihnachtslied

Es kommt ein Schiff geladen
Bis an sein'n höchsten Bord;
Es trägt Gott's Sohn voll'r Gnaden,
Des Vaters ewig's Wort.

Das Schiff geht still im Triebe,
Es trägt ein' teure Last;
Der Segel ist die Liebe,
Der heil'ge Geist der Mast.

Der Anker haft't auf Erden,
Und das Schiff ist am Land;
Gott's Wort thut uns Fleisch werden,
Der Sohn ist uns gesandt.

Zu Bethlehem geboren
Im Stall ein Kindelein,
Giebt sich für uns verloren;
Gelobet muß es sein.

Und wer dies Kind mit Freuden
Küssen, umfangen will,
Der muß vor mit ihm leiden
Groß Pein und Marter viel;

Danach mit ihm auch sterben
Und geistlich auferstehn,
Ewig's Leben zu erben,
Wie an ihm ist geschehn.

MARTIN LUTHER

Ein Lobgesang von der Geburt Christi

Gelobet seist du, Jesu Christ,
daß du Mensch geboren bist
von einer Jungfrau, das ist wahr;
des freuet sich der Engel Schar.
Kyrieleis.

Des ewgen Vaters einig Kind
jetzt man in der Krippe findt.
In unser armes Fleisch und Blut
verkleidet sich das ewig Gut.
Kyrieleis.

Den aller Welt Kreis nie umschloß,
der liegt in Marien Schoß.
Er ist ein Kindlein worden klein,
der alle Ding erhält allein.
Kyrieleis.

Das ewig Licht geht da herein,
gibt der Welt ein neuen Schein.
Es leucht wohl mitten in der Nacht
und uns des Lichtes Kinder macht.
Kyrieleis.

Der Sohn des Vaters, Gott von Art,
ein Gast in der Welte ward
und führt uns aus dem Jammertal;
er macht uns Erben in sei'm Saal.
Kyrieleis.

Er ist auf Erden kommen arm,
daß er unser sich erbarm
und in dem Himmel mache reich
und seinen lieben Engeln gleich.
Kyrieleis.

Das hat er alles uns getan,
sein groß Lieb zu zeigen an.
Des freu sich alle Christenheit
und dank ihm des in Ewigkeit.
Kyrieleis.

MARTIN LUTHER

Ein Kinderlied auf die Weihnacht Christi

»Vom Himmel hoch, da komm ich her;
ich bring euch gute neue Mär.
Der guten Mär bring ich so viel,
davon ich singn und sagen will:

Euch ist ein Kindlein heut geborn
von einer Jungfrau auserkorn,
ein Kindelein so zart und fein,
das soll eur Freud und Wonne sein.

Es ist der Herr Christ, unser Gott;
der will euch führn aus aller Not.
Er will eur Heiland selber sein,
von allen Sünden machen rein.

Er bringt euch alle Seligkeit,
die Gott der Vater hat bereit',
daß ihr mit uns im Himmelreich
sollt leben nun und ewiglich.

So merket nun das Zeichen recht:
die Krippe, Windelein so schlecht;
da findet ihr das Kind gelegt,
das alle Welt erhält und trägt.«

Des laßt uns alle fröhlich sein
und mit den Hirten gehn hinein,
zu sehn, was Gott uns hat beschert
mit seinem lieben Sohn verehrt.

Merk auf, mein Herz, und sieh dorthin:
Was liegt doch in dem Krippelin?
Wes ist das schöne Kindelin?
Es ist das liebe Jesulin.

Sei willekomm, du edler Gast.
Den Sünder nicht verschmähet hast
und kommst ins Elend her zu mir.
Wie kann ich immer danken dir?

Ach Herr, du Schöpfer aller Ding,
wie bist du worden so gering,
daß du da liegst auf dürrem Gras,
davon ein Rind und Esel aß.

Und wär die Welt vielmal so weit
von Edelstein und Gold bereit',
so wär sie doch dir viel zu klein
zu sein ein enges Wiegelein.

Der Sammet und die Seide dein,
das ist grob Heu und Windelein.
Darauf du Kön'g so groß und reich
herprangst, als wär's dein Himmelreich.

Das hat also gefallen dir,
die Wahrheit anzuzeigen mir,
wie aller Welt Macht, Ehr und Gut
vor dir nichts gilt, nichts hilft noch tut.

Ach mein herzliebes Jesulin,
mach dir ein rein, sanft Bettelin,
zu ruhen in meins Herzens Schrein,
daß ich nimmer vergesse dein.

Davon ich allzeit fröhlich sei,
zu springen, singen immer frei
das rechte Susaninne schon,
mit Herzenslust den süßen Ton.

Lob, Ehr sei Gott im höchsten Thron,
der uns schenkt seinen eingen Sohn,
des freuen sich der Engel Schar'
und singen uns solch neues Jahr.

MARTIN LUTHER

Ein ander Christlied im vorigen Ton

Vom Himmel kam der Engel Schar,
erschien den Hirten offenbar.
Sie sagten ihn': »Ein Kindlein zart,
das liegt dort in der Krippe hart

zu Bethlehem, in Davids Stadt,
wie Micha das verkündet hat.
Es ist der Herre Jesus Christ,
der euer aller Heiland ist.

Des sollt ihr billig fröhlich sein,
daß Gott mit euch ist worden ein.
Er ist geborn eur Fleisch und Blut;
eur Bruder ist das ewig Gut.

Was kann euch tun die Sünd und Tod?
Ihr habt mit euch den wahren Gott.
Laßt zürnen Teufel und die Höll:
Gotts Sohn ist worden eur Gesell.

Er will und kann euch lassen nicht,
setzt ihr auf ihn eur Zuversicht.
Es mögen euch viel' fechten an:
Dem sei Trotz, der's nicht lassen kann.

Zuletzt müßt ihr doch haben recht.
Ihr seid nun worden Gotts Geschlecht.
Des danket Gott in Ewigkeit,
geduldig, fröhlich allezeit.«

FRIEDRICH VON SPEE

Zu Bethlehem geboren

Zu Bethlehem geboren
ist uns ein Kindelein.
Das hab ich auserkoren,
sein eigen will ich sein.
Eja, eja, sein eigen will ich sein.

In seine Lieb versenken
will ich mich ganz hinab,
mein Herz will ich ihm schenken
und alles, was ich hab.

»O Kindelein, von Herzen
will ich Dich lieben sehr
in Freuden und in Schmerzen,
je länger mehr und mehr.

Dich, wahren Gott, ich finde
in meinem Fleisch und Blut,
darum ich fest mich binde
an Dich, mein höchstes Gut.

Dazu Dein Gnad mir gebe,
bitt ich aus Herzens Grund,
daß ich allein Dir lebe
jetzt und zu aller Stund.

Laß mich von Dir nicht scheiden,
knüpf zu, knüpf zu das Band
der Liebe zwischen beiden.
Nimm hin mein Herz zum Pfand.«

PAUL GERHARDT

Ich steh an deiner Krippen hier

Ich steh an deiner Krippen hier,
O Jesulein, mein Leben;
Ich komme, bring und schenke dir,
Was du mir hast gegeben.
Nimm hin, es ist mein Geist und Sinn,
Herz, Seel und Mut, nimm alles hin
Und laß dir's wohlgefallen.

Du hast mit deiner Lieb erfüllt
Mein Adern und Geblüte,
Dein schöner Glanz, dein süßes Bild
Liegt mir ganz im Gemüte.
Und wie mag es auch anders sein:
Wie könnt ich dich, mein Herzelein,
Aus meinem Herzen lassen!

Da ich noch nicht geboren war,
Da bist du mir geboren
Und hast mich dir zu eigen gar,
Eh ich dich kannt, erkoren.
Eh ich durch deine Hand gemacht,
Da hast du schon bei dir bedacht,
Wie du mein wolltest werden.

Ich lag in tiefster Todesnacht,
Du warest meine Sonne,
Die Sonne, die mir zugebracht
Licht, Leben, Freud und Wonne.
O Sonne, die das werte Licht
Des Glaubens in mir zugericht't,
Wie schön sind deine Strahlen!

Ich sehe dich mit Freuden an
Und kann mich nicht satt sehen,
Und weil ich nun nicht weiter kann,
So tu ich, was geschehen.
O daß mein Sinn ein Abgrund wär
Und meine Seel ein weites Meer,
Daß ich dich möchte fassen!

Vergönne mir, o Jesulein,
Daß ich dein Mündlein küsse,
Das Mündlein, das den süßen Wein,
Auch Milch und Honigflüsse
Weit übertrifft in seiner Kraft,
Es ist voll Labsal, Stärk und Saft,
Der Mark und Bein erquicket.

Wenn oft mein Herz im Leibe weint
Und keinen Trost kann finden,
Da ruft mir's zu: Ich bin dein Freund,
Ein Tilger deiner Sünden!
Was trauerst du, mein Brüderlein?

Du sollst ja guter Dinge sein,
Ich zahle deine Schulden.

Wer ist der Meister, der allhier
Nach Würden aus kann streichen
Die Händlein, so dies Kindlein mir
Beginnet zuzureichen?
Der Schnee ist hell, die Milch ist weiß,
Verlieren doch beid ihren Preis,
Wann diese Händlein blicken.

Wo nehm ich Weisheit und Verstand,
Mit Lobe zu erhöhen
Die Äuglein, die so unverwandt
Nach mir gerichtet stehen?
Der volle Mond ist schön und klar,
Schön ist der güldnen Sterne Schar,
Dies' Äuglein sind viel schöner.

O daß doch ein so lieber Stern
Soll in der Krippen liegen!
Für edle Kinder großer Herrn
Gehören güldne Wiegen.
Ach, Heu und Stroh ist viel zu schlecht,
Samt, Seide, Purpur wären recht,
Dies Kindlein drauf zu legen.

Nehmt weg das Stroh, nehmt weg das Heu,
Ich will mir Blumen holen,
Daß meines Heilands Lager sei

Auf Kränzen und Violen.
Mit Rosen, Nelken, Rosmarin
Aus schönen Gärten will ich ihn
Von obenher bestreuen.

Zur Seiten will ich hie und da
Viel weiße Lilien stecken,
Die sollen seiner Äuglein Paar
Im Schlafe sanft bedecken.
Doch liebt viel mehr das dürre Gras
Dies Kindelein, als alles das,
Was ich hier nenn und denke.

Du fragest nicht nach Lust der Welt
Noch nach des Leibes Freuden,
Du hast dich bei uns eingestellt,
An unsrer Statt zu leiden,
Suchst meiner Seelen Herrlichkeit,
Durch dein selbsteignes Herzeleid,
Das will ich dir nicht wehren.

Eins aber, hoff ich, wirst du mir,
Mein Heiland, nicht versagen:
Daß ich dich möge für und für
In, bei und an mir tragen.
So laß mich doch dein Kripplein sein;
Komm, komm und lege bei mir ein
Dich und all deine Freuden.

Zwar sollt ich denken, wie gering
Ich dich bewirten werde,
Du bist der Schöpfer aller Ding,
Ich bin nur Staub und Erde.
Doch bist du so ein frommer Gast,
Daß du noch nie verschmähest hast
Den, der dich gerne siehet.

ANDREAS GRYPHIUS

Über die geburt Jesu

Nacht, mehr denn lichte nacht! nacht, lichter als der tag!
Nacht, heller als die sonn'! in der das licht geboren,
Das Gott, der licht in licht wohnhafftig, ihm erkohren!
O nacht, die alle nacht und tage trotzen mag!
O freudenreiche nacht, in welcher ach und klag
Und finsternis, und was sich auf die welt verschworen,
Und furcht und höllen-angst und schrecken war verlohren!
Der himmel bricht; doch fällt nunmehr kein donnerschlag.
Der zeit und nächte schuff, ist diese nacht ankommen
Und hat das recht der zeit und fleisch an sich genommen
Und unser fleisch und zeit der ewigkeit vermacht.
Die jammer trübe nacht, die schwartze nacht der sünden,
Des grabes dunckelheit muss durch die nacht verschwinden.
Nacht, lichter als der tag! nacht, mehr denn lichte nacht!

ANGELUS SILESIUS

Du allerschönstes Bild

Du allerschönstes Bild, wem soll ich dich vergleichen?
Den weißen Lilien? Dem bunten Tausendschön?
Dem Zucker-Röselein? Ach nein, denn sie vergehn,
Verdorren und verbleichen.

Vielleicht soll ich dich die güldne Sonne nennen?
Den silberfarbnen Mond? Den schönen Morgenstern?
Vielleicht die Morgenröt? Ach nein, es fehlet fern:
Ich müßte dich verkennen.

Die Sonne borgt von dir ihr Licht und alle Strahlen,
Der Mond seinen Schein, die Sterne ihren Glanz,
Die Rötin ihre Zier; der Himmel muß sich ganz
Von deiner Schönheit malen.

Vielleicht gleichst du dem Blitz der Seraphinen?
Dem Thronen-Könige? Dem schönsten Engelein?
Dem Cherubiner-Fürst? Ach nein, es kann nicht sein,
Sie müssen dich bedienen.

Nun schau, ich finde nichts. Weil ichs doch an soll zeigen,
So sag ich klar und frei, daß du, o Jesu Christ,
Die ewge Schönheit selbst und unvergleichlich bist:
Drum ist es besser schweigen.

CATHARINA REGINA VON GREIFFENBERG

Der Hl. Jungfrau Maria

Wiegenlied

Wie sie dem lieben Jesulein
vermutbar zugesungen

Schlaf, du edle Seelen-Ruh,
Schließ die Herzen-Lichter zu!
Komm, mein Josef, hilf mir wiegen
Mein und aller Welt Vergnügen!
Ich hab' in den Armen hie,
Den die Welt beschlosse nie.
In dem Herzen, in der Krippen,
Mit den Händen, Sinn und Lippen,
Wieg ich dich Sänftiglich.
Schlaf, du süße Seelen-Ruh,
Schließ die Herzen-Lichter zu!

Schlaf, du stille Seelen-Ruh,
Schließ die Herzen-Lichter zu!
Du, dem sonst der Engel Saiten
Eine Musik zubereiten,
Den der Himmel süße Zier
Lobt und ehret für und für.
Laß mein Herz-ergoßnes Singen
Wohl in deinen Ohren klingen,
Schönstes Kind,

Schlaf geschwind,
Schlaf, du edle Seelen-Ruh,
Schließ die Herzen-Lichter zu!

Schlaf, du stille Seelen-Ruh,
Schließ die Herzen-Lichter zu!
Schlaf, du meiner Keuschheit Krone,
Gottes und der Engel Wonne!
Schlaf, mein Kind! Mein Vater schlaf,
Und uns allen Ruh verschaff.
Auch im Schlaf er für uns wachet,
Unsre Wohlfahrt blühen machet
Mit Begier
Für und für.
Schlaf, du sanfte Seelen-Ruh,
Schließ die Herzen-Lichter zu!

Schlaf, du süße Seelen-Ruh,
Schließ die Herzen-Lichter zu!
Helle Sonn, laß dir gefallen,
Einzuhalten deine Strahlen.
Kommt die Zeit, so wird der Blitz
Deiner Gottheit Macht und Hitz
Alle Welt mit Glanz erfüllen,
Nach bestimmtem Gottes Willen.
Engel, singt,
Spielt und klingt:
Schlaf, du holde Seelen-Ruh,
Schließ die Herzen-Lichter zu!

Jetzt schläft unsre Seelen-Ruh,
Schließt die Herzen-Lichter zu.
Doch sein Herz bleibt ewig offen,
Wer nur fest in ihn kann hoffen.
Der den Tod zum Schlaf gemacht,
Und für unser Glück stets wacht,
Der das Glücke schlafend gibet
Seinen Freunden, die er liebet;
Schläft jetzund:
Daß er kunnt
Werden unsre Seelen-Ruh,
Schließet er die Augen zu.

JOHANN CHRISTIAN GÜNTHER

Weihnachtsode

Die Nacht ist hin, nun wird es Licht,
Da Jacobs Stern die Wolken bricht.
Ihr Völker, hebt die Häupter auf
Und merkt der goldnen Zeiten Lauf!

Du süßer Zweig aus Jesse Stamm,
Mein Heil, mein Fürst, mein Schatz, mein Lamm,
Ach, schau doch hier mit Freuden her,
Wie mein Herz die Wiege wär!

Ach komm doch, liebster Seelenschatz!
Der Glaube macht dir reinen Platz,
Die Liebe steckt das Feuer an,
Das auch den Stall erleuchten kann.

Ihr Töchter Salems, küßt den Sohn!
Des Höchsten Liebe brennet schon.
Kommt, küßt das Kind! Es stillt den Zorn.
Ach, nun erhebt der Herr mein Horn!

CHRISTIAN FÜRCHTEGOTT GELLERT

Dies ist der Tag

Dies ist der Tag, den Gott gemacht;
Sein werd in aller Welt gedacht!
Ihn preise, was durch Jesum Christ
Im Himmel und auf Erden ist!

Die Völker haben dein geharrt,
Bis daß die Zeit erfüllet ward;
Da sandte Gott von seinem Thron
Das Heil der Welt, dich, seinen Sohn.

Wenn ich dies Wunder fassen will,
So steht mein Geist vor Ehrfurcht still;
Er betet an, und er ermißt,
Daß Gottes Lieb unendlich ist.

Damit der Sünder Gnad erhält,
Erniedrigst du dich, Herr der Welt,
Nimmst selbst an unsrer Menschheit Teil,
Erscheinst im Fleisch und wirst uns Heil.

Dein König, Zion, kömmt zu dir.
»Ich komm, im Buch steht von mir;
Gott, deinen Willen tu ich gern.«
Gelobt sei, der da kömmt im Herrn!

Herr, der du Mensch geboren wirst,
Immanuel und Friedefürst,
Auf den die Väter hoffend sahn,
Dich, Gott Messias, bet ich an.

Du, unser Heil und höchstes Gut,
Vereinest dich mit Fleisch und Blut,
Wirst unser Freund und Bruder hier,
Und Gottes Kinder werden wir.

Gedanke voller Majestät!
Du bist es, der das Herz erhöht.
Gedanke voller Seligkeit!
Du bist es, der das Herz erfreut.

Durch Eines Sünde fiel die Welt.
Ein Mittler ist's, der sie erhält.
Was zagt der Mensch, wenn der ihn schützt,
Der in des Vaters Schoße sitzt?

Jauchzt, Himmel, die ihr ihn erfuhrt,
Den Tag der heiligsten Geburt;
Und Erde, die ihn heute sieht,
Sing ihm, dem Herrn, ein neues Lied!

Dies ist der Tag, den Gott gemacht;
Sein werd in aller Welt gedacht!
Ihn preise, was durch Jesum Christ
Im Himmel und auf Erden ist!

MATTHIAS CLAUDIUS

Vor Gott geht's göttlich her

Vor Gott geht's göttlich her;
und nicht nach Stand und Würden.
Herodem läßt er leer,
mit seinem ganzen Heer;
und Hirten auf dem Felde bei den Hürden
erwählet er.
Sie saßen da und hüteten im Dunkeln ihre Herde
mit unbefangenem frommen Sinn;
da stand vor ihnen, an der Erde,
der Engel Gottes und trat zu ihnen hin,
und sie umleuchtete des Herrn Klarheit,
und er sagte ihnen die Wahrheit.
Und eilend auf sie standen,
gen Bethlehem zu gehn;
und kamen hin und fanden,
ohn' weiters zu verstehn,
Mirjam und Joseph beide,
und in der Krippen lag zu ihrer großen Freude
in seinem Windelkleide
aus Grummet von der Weide
der Knabe wunderschön.

JOHANN GOTTFRIED HERDER

Weihnachtsgesang

Die ganze Menschheit freue sich!
Du, der Mensch bist, freue dich!
Geboren ist der gute Hirt,
Der alle Völker weiden wird,
In Treu und Wahrheit.

Mit göttlichgroßem Königssinn
Gibt er sich zum Opfer hin;
Er nimmt auf sich die Last der Zeit;
Verachtung, Schmach, Undankbarkeit
Erwarten seiner.

Doch Gottesgeist belebet ihn!
Jedem Frevler wird er kühn
Die Larv' entreißen; suchen wird
Er das Verlorne, was verirrt
Ist, wiederbringen,

Sein Zeichen ist die Dürftigkeit,
Menschenhuld sein Ehrenkleid,
Erbarmen ziehet ihn heran:
Der Völker Heil ist seine Bahn
Zum Himmelsfrieden.

Drum singen froh willkommend ihm
Cherubim und Seraphim

Ihr »Ehre sei Gott in der Höh'
Und Fried' auf Erden! Leid und Weh
Wird Wohlgefallen!«

Wir stimmen der Willkommung ein:
Unser Hirte soll er sein,
In Wahrheit und Gerechtigkeit,
In Unschuld, Lieb und Freundlichkeit
und Menschengüte.

Wer unser arm Geschlecht entehrt.
Ist nicht dieses Königs wert;
Wer Menschen hasset und betrübt,
Nicht statt des Bösen Gutes gibt,
Ist sein nicht würdig.

O stimmt der Engel Glückwunsch bei:
»Fried auf Erden! Friede sei
Den Menschen!« So ist Gram und Leid
Verschwunden. Unser Herz erfreut
Sein Wohlgefallen.

JOHANN WOLFGANG GOETHE

Weihnachten

Bäume leuchtend, Bäume blendend,
Überall das Süße spendend,
In dem Glanze sich bewegend,
Alt und junges Herz erregend –
Solch ein Fest ist uns bescheret,
Mancher Gaben Schmuck verehret;
Staunend schaun wir auf und nieder,
Hin und her und immer wieder.

Aber, Fürst, wenn dirs begegnet.
Und ein Abend so dich segnet,
Daß als Lichter, daß als Flammen
Vor dir glänzten allzusammen
Alles, was du ausgerichtet,
Alle, die sich dir verpflichtet:
Mit erhöhten Geistesblicken
Fühltest herrliches Entzücken.

JOHANN WOLFGANG GOETHE

Christgeschenk

Mein süßes Liebchen! Hier in Schachtelwänden
Gar mannigfalt geformte Süßigkeiten:
Die Früchte sind es heil'ger Weihnachtszeiten,
Gebackne nur, den Kindern auszuspenden!

Dir möcht' ich dann mit süßen Redewenden
Poetisch Zuckerbrot zum Fest bereiten;
Allein was soll's mit solchen Eitelkeiten?
Weg den Versuch, mit Schmeichelei zu blenden!

Doch gibt es noch ein Süßes, das vom Innern
Zum Innern spricht, genießbar in der Ferne,
Das kann nur bis zu dir hinüberwehen.

Und fühlst du dann ein freundliches Erinnern,
Als blinkten froh dir wohlbekannte Sterne,
Wirst du die kleinste Gabe nicht verschmähen.

JOHANN WOLFGANG GOETHE

Epiphanias

Die heil'gen drei König mit ihrem Stern,
Sie essen, trinken, und bezahlen nicht gern;
Sie essen gern, sie trinken gern,
Sie essen, trinken, und bezahlen nicht gern.

Die heil'gen drei König sind kommen allhier,
Es sind ihrer drei und sind nicht ihrer vier;
Und wenn statt drei es viere wär',
So wär' ein heil'ger drei König mehr.

Ich erster bin der weiß und auch der schön',
Bei Tage solltet ihr mich nur erst sehn!
Doch ach, mit allen Spezerein
Werd ich sein Tag kein Mädchen mir erfrein!

Ich aber bin der braun' und bin der lang',
Bekannt bei Weibern wohl und beim Gesang.
Ich bringe Gold statt Spezerein,
Da werd ich überall willkommen sein.

Ich endlich bin der schwarz' und bin der klein'
Und kann auch wohl einmal recht lustig sein.
Ich esse gern, ich trinke gern,
Ich esse, trinke und bedank mich gern.

Die heil'gen drei König' sind wohl gesinnt,
Sie suchen die Mutter und auch das Kind;
Der Joseph fromm sitzt auch dabei,
Der Ochs und Esel liegen auf der Streu.

Wir bringen Myrrhen, wir bringen Gold,
Dem Weihrauch sind die Damen hold;
Und haben wir Wein von gutem Gewächs,
So trinken wir drei so gut als ihrer sechs.

Da wir nun hier schöne Herrn und Fraun,
Aber keine Ochsen und Esel schaun;
So sind wir nicht am rechten Ort
Und ziehn unsers Weges weiter fort.

FRIEDRICH ADOLF KRUMMACHER

Empor zu Gott, mein Lobgesang!

Empor zu Gott, mein Lobgesang!
Er, dem das Lied der Engel klang,
Der hohe Freudentag ist da!
Lobsinget ihm! Halleluja!

Vom Himmel kam in dunkler Nacht,
Der uns das Lebenslicht gebracht!
Nun leuchtet uns ein milder Strahl,
Wie Morgenroth im dunkeln Thal.

Er kam, des Vaters Ebenbild,
Von schlichtem Pilgerkleid umhüllt,
Und führet uns mit sanfter Hand,
Ein treuer Hirt, in's Vaterland.

Er, der dort oben herrlich thront,
Hat unter uns, ein Mensch, gewohnt,
Damit auch wir ihm werden gleich
Auf Erden und im Himmelreich!

Einst führet er zur Himmelsbahn
Uns, seine Brüder, auch hinan,
Und wandelt unser Pilgerkleid
in Sternenglanz und Herrlichkeit.

Empor zu Gott, mein Lobgesang!
Er, dem der Engel Lied erklang,
Der hohe Freudentag ist da!
Ihr Christen, singt: Halleluja!

NOVALIS

Wo bleibst du Trost der ganzen Welt?

Wo bleibst du Trost der ganzen Welt?
Herberg' ist dir schon längst bestellt.
Verlangend sieht ein jedes dich,
Und öffnet deinem Segen sich.

Geuß, Vater, ihn gewaltig aus,
Gib ihn aus deinem Arm heraus:
Nur Unschuld, Lieb' und süße Scham
Hielt ihn, daß er nicht längst schon kam.

Treib ihn von dir in unsern Arm,
Daß er von deinem Hauch noch warm;
In schweren Wolken sammle ihn
Und laß ihn so hernieder ziehn.

In kühlen Strömen send' ihn her,
In Feuerflammen lodre er,
In Luft und Öl, in Klang und Tau
Druchdring' er unsrer Erde Bau.

So wird der heil'ge Kampf gekämpft,
So wird der Hölle Grimm gedämpft,
Und ewig blühend geht allhier
Das alte Paradies herfür.

Die Erde regt sich, grünt und lebt,
Des Geistes voll ein jedes strebt
Den Heiland lieblich zu empfahn
Und beut die vollen Brüst' ihm an.

Der Winter weicht, ein neues Jahr
Steht an der Krippe Hochaltar.
Es ist das erste Jahr der Welt.
Die sich dies Kind erst selbst bestellt.

Die Augen sehn den Heiland wohl,
Und doch sind sie des Heilands voll,
Von Blumen wird sein Haupt geschmückt,
Aus denen er selbst holdselig blickt.

Er ist der Stern, er ist die Sonn',
Er ist des ewgen Lebens Bronn,
Aus Kraut und Stein und Meer und Licht
Schimmert sein kindlich Angesicht.

In allen Dingen sein kindlich Tun.
Seine heiße Liebe wird nimmer ruhn,
Er schmiegt sich seiner unbewußt
Unendlich fest an jede Brust.

Ein Gott für uns, ein Kind für sich
Liebt er uns all' herzinniglich,
Wird unsre Speis' und unser Trank,
Treusinn ist ihm der liebste Dank.

Das Elend wächst je mehr und mehr,
Ein düstrer Gram bedrückt uns sehr,
Laß, Vater, den Geliebten gehn,
Mit uns wirst du ihn wieder sehn.

NOVALIS

Fern im Osten wird es helle

Fern im Osten wird es helle,
Graue Zeiten werden jung;
Aus der lichten Farbenquelle
Einen langen tiefen Trunk!
Alter Sehnsucht heilige Gewährung,
Süße Lieb' in göttlicher Verklärung.

Endlich kommt zur Erde nieder
Aller Himmel selges Kind,
Schaffend im Gesang weht wieder
Um die Erde Lebenswind,
Weht zu neuen ewig lichten Flammen
Längst verstiebte Funken hier zusammen.

Überall entspringt aus Grüften
Neues Leben, neues Blut,
Ewgen Frieden uns zu stiften,
Taucht er in die Lebensflut;
Steht mit vollen Händen in der Mitte
Liebevoll gewärtig jeder Bitte.

Lasse seine milden Blicke
Tief in deine Seele gehn,
Und von seinem ewgen Glücke
Sollst du dich ergriffen sehn.

Alle Herzen, Geister und die Sinnen
Werden einen neuen Tanz beginnen.

Greife dreist nach seinen Händen,
Präge dir sein Antlitz ein,
Mußt dich immer nach ihm wenden,
Blüte nach dem Sonnenschein;
Wirst du nur das ganze Herz ihm zeigen,
Bleibt er wie ein treues Weib dir eigen.

Unser ist sie nun geworden,
Gottheit, die uns oft erschreckt,
Hat im Süden und im Norden
Himmelskeime rasch geweckt.
Und so laßt im vollen Gottesgarten
Treu uns jede Knosp' und Blüte warten.

LUDWIG TIECK

Weihnachten

Wenn herüber zu meinem Garten
Die alten Lieder tönen
Der Pfeifer, die, aus dem Gebirge kommend,
Jeglich Marienbild mit Weisen grüßen,
So dünk' ich mich in seltsame, ferne
Wunderzeiten entrückt,
Und alte Legenden, und himmlische Sehnsucht
Zarte Lieb' und große Erinnerung
Quellen aus den rauhen, einfachen Tönen.
Tiefer, und inniger
Spricht der Frömmigkeit Wort
Die wunderliche Melodie,
Als in den Kirchen
Der neuen Künstler Wirrwarr,
Die alle Töne keck aufbieten
Um zu heucheln und zu grimmassieren,
Und mit weltlichem Prunk
Das Heilige höhnen.

CLEMENS BRENTANO

Zueignung

Zur Weihnacht, sternenhelle,
Saß einsam auf der Schwelle
Ein Kind so reich als fromm,
Und hieß im reinen Herzen
Das Jesukind willkomm.

Es sehnt sich nicht nach Gaben,
Es wollte mehr nicht haben,
Als was Maria hat,
Den lieben Gottesknaben,
Der macht es freudensatt.

Und als mit Freud und Schmerzen
Er in des Kindes Herzen
Als einer Krippe spielt,
Da sang das Kind dem Kinde,
Das es am Busen hielt:

»Ach hätt ich Engelzungen,
Ich hätt dir längst gesungen
Das süße liebe Lied,
Das mir so still und selig
Im jungen Herzen glüht.

Ich weiß ja keine Weisen,
Dich Heiland so zu preisen,
Dich Jesu fromm und mild,
Wie meine ganze Seele
Dir jauchzt und singt und spielt.

Ich muß mein Haupt dir neigen
Kann weinen nur und schweigen
In Seligkeit und Schmerz,
Ach Kind, du weißt mein Lieben,
Du siehst mir ja ins Herz!«

Als Jesus dies gehöret,
Spricht er: »dir sei bescheret
Ein Kindlein, Schmerzenreich,
Das sollst du betend wiegen,
Rein meiner Mutter gleich.

Und auch sei dir bescheret
Ein Herz zu mir bekehret,
Ein Herz an Schmerzen reich,
Darinnen sollst du wiegen
Das Kind mit mir zugleich.

Und auch sei dir bescheret
Die Weise, die mich ehret,
Mit freud'gem Flug und Fall,
Das Lied, das mir lobsinget
Trotz Lerch, trotz Nachtigall.

Sieh, was ich dir gegeben,
Drum sollst das Haupt du heben,
Und öffnen deinen Mund,
Und freud'ge Lieder singen,
Steh auf und sei gesund!

Es wird ein Frühling kommen,
Der bringt, was ward genommen,
Die Blumen und den Kranz,
Sei freudig, sei geschmücket,
Die Unschuld ist ein Glanz!

Es wird ein Sommer kommen,
Voll Segen für die Frommen,
Voll lichtem Ährengold,
Da lese fromm gebücket
Ein Gärblein dir zum Sold.

Es wird ein Herbst sich neigen,
Brich Wein und Frucht von Zweigen
Ich hab dir's zugedacht,
Drum sei in Freud und Wonne
Die Ernde eingebracht.

Und kömmt der ernste Winter,
Dann sei wie andre Kinder
An meiner Wiege froh.«
Da sprach das Kind ergeben:
»Ja Kind, das will ich so!

All, was du mir bescheret,
Hab ich von dir begehret,
Mit Liedes Flug und Fall,
Drum will ich dir lobsingen
Trotz Lerch, trotz Nachtigall!«

JOSEPH VON EICHENDORFF

Weihnachten

Markt und Straßen stehn verlassen,
Still erleuchtet jedes Haus,
Sinnend geh ich durch die Gassen,
Alles sieht so festlich aus.

An den Fenstern haben Frauen
Buntes Spielzeug fromm geschmückt,
Tausend Kindlein stehn und schauen,
Sind so wunderstill beglückt.

Und ich wandre aus den Mauern
Bis hinaus ins freie Feld,
Hehres Glänzen, heilges Schauern!
Wie so weit und still die Welt!

Sterne hoch die Kreise schlingen,
Aus des Schneees Einsamkeit
Steigts wie wunderbares Singen –
O du gnadenreiche Zeit!

JOSEPH VON EICHENDORFF

Die Flucht der heiligen Familie

Länger fallen schon die Schatten,
Durch die kühle Abendluft,
Waldwärts über stille Matten
Schreitet Joseph von der Kluft,
Führt den Esel treu am Zügel;
Linde Lüfte fächeln kaum,
'S sind der Engel leise Flügel,
Die das Kindlein sieht im Traum,
Und Maria schauet nieder
Auf das Kind voll Lust und Leid,
Singt im Herzen Wiegenlieder
In der stillen Einsamkeit.
Die Johanneswürmchen kreisen
Emsig leuchtend über'n Weg,
Wollen der Mutter Gottes weisen
Durch die Wildnis jeden Steg,
Und durch's Gras geht süßes Schaudern,
Streift es ihres Mantels Saum;
Bächlein auch läßt jetzt sein Plaudern
Und die Wälder flüstern kaum,
Daß sie nicht die Flucht verraten.
Und das Kindlein hob die Hand,
Da sie ihm so Liebes taten,
Segnete das stille Land,
Daß die Erd' mit Blumen, Bäumen
Fernerhin in Ewigkeit

Nächtlich muß vom Himmel träumen –
O gebenedeite Zeit!

FRIEDRICH RÜCKERT

Das Kind ist uns geboren

Man sagt mir, daß die Nacht wir heute feiern,
In der das Kind uns ist geboren worden;
Ich hört auch längst der Pifferari Orden
Frühmorgens mir es in die Ohren leiern.

Weihnachten ist mit stillen weißen Schleiern,
Gewebt aus Schnee, geschmückt bei uns im Norden
Und hier, so grün ist's an der Tiber Borden,
Wie dort zum Feste mit den bunten Eiern.

Die Glocken klingen festlich, wie zu Hause;
Doch anders als sie dort den Klang empfanden,
Empfinden hier ihn die erstaunten Ohren.

Mir ist, als ob mit hellbewegtem Brause
Sie immer läuteten: Christ ist erstanden!
Statt, wie es sich gebührt: Christ ist geboren!

FRANZ GRILLPARZER

Der Christbaum

im k. k. Militär-Invalidenhause,
am 24. Dezember 1846 um 5 Uhr abends

Die ihr versammelt hier nach frommer Sitte,
Gar mancher nennt euch arm – ihr seid nicht reich! –
Und habt doch einen Christbaum in der Mitte,
Den Kindern reicher Menschen heute gleich.

Das macht: Gott gibt nicht stets mit eignen Händen,
Er borgt zum Geben oft die fremde Hand,
Läßt andere verteilen seine Spenden,
Der Bruder, hinter dem der Vater stand.

Und schafft so nicht nur Freudige, auch Gute,
– Denn Zufall scheint, was frei vom Himmel sank –
Macht glücklich Zwei und voll von edlem Mute,
Teilt das Gefühl in Wohltat und in Dank.

So hat für euch, die Kinder wackrer Krieger,
Ein Kriegersohn wie ihr, und darin gleich,
Der Sohn des Helden, der bei Leipzig Sieger,
Die Früchte mancher Mühn bestimmt für euch.

Was er gesehn, erstrebt, getan, gelitten,
Er gibt's der Welt, des Volkes Neugier preis

Und hat für sich als einz'gen Lohn erstritten
Hier diesen Christbaum, dieses Tannenreis!

Folgt ihm die Wohltat nun auf seinen Wegen
Und stärkt ihn, wie ein feurig edler Trank,
Nehmt ihr den zweiten Teil von Gottes Segen
Und ehrt, was man euch gab, durch euern Dank.

MORITZ GOTTLIEB SAPHIR

Ein Weihnachtsbaum

Weil Tannenzweig hat kein Gewand
Als nur ein Kleid aus Nadeln,
Hat ihn erwählt die Gnadenhand
Als »Christbaum« ihn zu adeln.

Weil Tannenzweig so schmucklos steht
Im Reich belaubter Bäume,
Hat Christkind ihn so hoch erhöht
Für seines Festes Räume.

Im Saal und in der Hütte klein,
Kömmt heute er zu Ehren,
Es will auf ihm nur ganz allein
Das Christkind was bescheren.

Es stehen um den Zweig, so schlicht,
Die Kindlein all', die frommen,
Von welchen Christus gnädig spricht:
»Sie sollen zu mir kommen!«

Es liebt der Herr die Kinder sehr,
Die unschuldsvollen, reinen,
Wenn Lachen ist ihr Herzverkehr,
Und mehr noch wenn sie weinen.

Er liebt auch jedes Menschenkind,
Das Kind bleibt im Gemüte,
Das nicht geschleudert in den Wind
Des Herzens Blatt und Blüte.

D'rum schmückt, ihr lieben Menschen, aus,
Den grünen Zweig der Tannen,
Und klopft ein Kind an Euer Haus,
So fragt nicht erst: Von wannen?

Ein Weihnachtsbaum das Leben war,
Gleich nach dem ersten Werde,
Geschmückt vom ersten Elternpaar,
Von Himmel und von Erde.

Die Erde schmückt den Lebensbaum
Mit Blumen und mit Früchten,
Mit Bild und Zierat, Schaum und Traum,
Und weltlichen Geschichten.

Der Himmel zünd't die Lichtlein an,
Die lieben hellen Sterne,
Und knüpft die schönsten Mährlein an
Von oben aus der Ferne.

Die liebe Mutter Erde hat
Gar viel der bunten Gaben,
Sein bißchen Gold soll jedes Blattt,
Sein Zuckerwerk auch haben.

Der Himmelsvater schmückt den Baum
Mit höheren Geschenken,
Mit Hoffnung, Glaube, Liebestraum,
Mit Fühlen und mit Denken.

Und wenn des Lebens Weihe-Nacht
Geht einstens ganz zu Ende,
Der Mutter Erde Gabenpracht
Verschwindet ganz behende.

Und Blume, Gold und Flitterglanz,
All' die vergold'ten Nüsse,
Sie sinken mit dem Lebenskranz
In's Reich der Finsternisse.

Doch was der Vater, Himmel, gab,
Das nimmt der Mensch vom Baume.
Und nimmt's mit sich durch Tod und Grab
Nach jenem hohen Raume.

Ihm leuchten vor in's bess're Land
Aus diesem Erdenstaube,
Die Lichtlein, die am Baum' gebrannt,
Die »Hoffnung« und der »Glaube«.

Wer diese Lichtlein mit sich bringt,
Die Gott ihm hier bescherte,
Zu dem sagt Christus unbedingt:
Du bleibst mein Kind, das werte.

Mein Kind, geh' nun zum Himmel ein,
Dein wartet die Bescherung,
Ein Weihnachtsbaum voll Sternenschein
Und ewige Verklärung.

HEINRICH HEINE

Die heil'gen drei Könige aus Morgenland

Die heil'gen drei Könige aus Morgenland,
Sie frugen in jedem Städtchen:
Wo geht der Weg nach Bethlehem,
Ihr lieben Buben und Mädchen?

Die Jungen und Alten, sie wußten es nicht,
Die Könige zogen weiter;
Sie folgten einem goldenen Stern,
Der leuchtete lieblich und heiter.

Der Stern blieb stehn über Josephs Haus,
Da sind sie hineingegangen;
Das Oechslein brüllte, das Kindlein schrie,
Die heil'gen drei Könige sangen.

ANNETTE VON DROSTE-HÜLSHOFF

Am Weihnachtstage

Lukas 2.

Durch alle Straßen wälzt sich das Getümmel,
Maultier, Kamele, Treiber – welch Gebimmel! –
Als wolle wieder in die Steppe ziehn
Der Same Jakobs, und Judäas Himmel,
Ein Saphirscheinen über dem Gewimmel,
Läßt blendend seine Funkenströme sprühn.

Verschleiert Frauen durch die Gassen schreiten.
Schweißtriefend vom beladnen Tiere gleiten
Bejahrte Mütterchen; allüberall
Geschrei und Treiben wie vor Jehus Wagen:
Läßt wieder Jezabel ihr Antlitz ragen
Aus jener Säulen luftigem Portal?

's ist Rom, die üpp'ge Priesterin der Götzen,
Die glänzendste und grausamste der Metzen,
Die ihre Sklaven zählt zu dieser Zeit.
Mit einem Griffel, noch von Blute träufend,
Gräbt sie in Tafeln, Zahl auf Zahlen häufend,
Der Buhlen Namen, so ihr Schwert gefreit.

O Israel, wo ist dein Stolz geblieben?
Hast du die Hände blutig nicht gerieben,

Und deine Träne, war sie siedend Blut?
Nein, als zum Marktplatz deine Scharen wallen,
Verkaufend, feilschend unter Tempels Hallen;
Mit ihrem Gott zerronnen ist ihr Mut!

Zum trüben Irrwisch ward die Feuersäule,
Der grüne Aaronsstab zum Henkerbeile,
Und grausig übersteint das tote Wort
Liegt eine Mumie im heil'gen Buche,
Drin sucht der Pharisäer nach dem Fluche,
Ihn donnernd über Freund und Fremdling fort.

So, Israel, bist du gereift zum Schnitte,
Wie reift die Distel in der Steppe Mitte;
Und wie du stehst in deinem grimmen Haß
Genüber der geschminkt und hohlen Buhle,
Seid gleich ihr vor gerechtem Richterstuhle,
Von Blute sie und du von Geifer naß.

O tauet, Himmel, tauet den Gerechten!
Ihr Wolken, regnet ihn, den wahr und echten
Messias, den Judäa nicht erharrt!
Den Heiligen und Milden und Gerechten,
Den Friedenskönig unter Hassesknechten,
Gekommen zu erwärmen, was erstarrt!

Still ist die Nacht; in seinem Zelt geborgen
Der Schriftgelehrte späht mit finstren Sorgen,
Wenn Judas mächtiger Tyrann erscheint.
Den Vorhang lüftet er, nachstarrend lange

Dem Stern, der gleitet über Äthers Wange,
Wie Freudenzähre, die der Himmel weint.

Und fern vom Zelte über einem Stalle,
Da ist's, als ob aufs niedre Dach er falle;
In tausend Radien sein Licht er gießt:
Ein Meteor! so dachte der Gelehrte,
Als langsam er zu seinen Büchern kehrte.
O weißt du, wen das niedre Dach umschließt?

In einer Krippe ruht ein neugeboren
Einschlummernd Kindlein; wie im Traum verloren
Die Mutter knieet, Weib und Jungfrau doch.
Ein ernster, schlichter Mann rückt tief erschüttert
Das Lager ihnen; seine Rechte zittert
Dem Schleier nahe um den Mantel noch.

Und an der Türe stehn geringe Leute,
Mühsel'ge Hirten, doch die Ersten heute,
Und in den Lüften klingt es süß und lind,
Verlorne Töne von der Engel Liede:
Dem Höchsten Ehr' und allen Menschen Friede,
Die eines guten Willens sind!

ANNETTE VON DROSTE-HÜLSHOFF

Am zweiten Weihnachtstage (Stephanus)

Matthäus 23. »Jerusalem, Jerusalem, die du tötest die Propheten und steinigest, die zu dir gesandt sind! Wie oft habe ich dich versammeln wollen, wie eine Henne ihre Küchlein versammelt unter ihre Flügel, und du hast nicht gewollt! Siehe, euer Haus wird euch wüste gelassen werden, denn ich sage euch, ihr werdet mich von nun an nicht mehr sehen, bis ihr saget: Gebenedeit ist, der da kömmt im Namen des Herrn. – Und die Zeugen legten ihre Kleider ab zu den Füßen eines Jünglings, der Saulus hieß.« Apostelgeschichte 6.-7. Kapitel.

Jerusalem, Jerusalem!
Wie oft erschollen ist sein Ruf;
Du spieltest sorglos unter dem
Verderben, unter Rosses Huf
Und Rades Wucht. Schau, darum ist
Verödet deine Stätte worden,
Und du ein irres Küchlein bist,
Sich duckend unter Geierhorden.

Vorüber ist die heil'ge Zeit,
Wo deinen Stegen er bekannt;
Noch seiner Wunder Herrlichkeit
Zieht nur als Sage durch das Land.
Der Weise wiegt sein schweres Haupt,
Der Tor will dessen sich entschlagen,
Und nur die fromme Einfalt glaubt
Und mag die Opfergabe tragen.

O bringt sie nur ein willig Tun,
Ein treues Kämpfen zum Altar,
Dann wird auf ihr die Gnade ruhn,
Ein hohes Wunder immerdar.
Doch ist es so: der Gegenwart
Gebrochen sind gewalt'ge Stützen,
Seit unsren Sinnen trüb und hart
Verhüllt ward seiner Zeichen Blitzen.

War einst erhellt der schwanke Steg,
Und klaffte klar der Abgrund auf,
Wir müssen suchen unsren Weg
Im Heiderauch, ein armer Hauf.
Des Glaubens köstlich teurer Preis
Ward wie gestellt auf Gletschers Höhen:
Wir müssen klimmen über Eis
Und schwindelnd uns am Schlunde drehen.

Was, Herr, du ließest fort und fort,
Hat uns die Seele wohl gebrannt;
Doch bleibt es ein geschriebnes Wort,
Unsichtbar die lebend'ge Hand.
Ach nur wo Grübeln nicht und Stolz
Am Stamme nagt seit Tag und Jahren,
Blieb frisch genug das mark'ge Holz,
Frei durch Jahrtausende zu fahren.

So ist es, wehe, schrecklich wahr,
Daß mancher, der zum starken Mast
Gepflanzt schien, in der Zeit Gefahr

Die Glaubenssegel hat gebraßt,
Nun dürre Säule nackt und schwer,
Nur krachend kündet durch das Stehen,
Hier sei in Zweifels schwarzem Meer
Ein wuchtig Schiff am Untergehen.

O sende, Retter, deinen Blitz,
Der ihm den frommen Hafen hellt,
Wie einst der starke Mast als Sitz
Der Pharuslampe sei gestellt.
Es trägt Gebirge ja dein Land,
Wo Zedern sich zu Zedern einen;
Laß nicht ein Sturmlicht den Verstand
Und einen Fluch die Kraft erscheinen!

Als Stephanus mit seinem Blut
Besiegelte den Christussinn,
Da legten Mörder, heiß vor Wut,
Zu eines Jünglings Füßen hin,
Der stumm und finster sich gesellt,
Die Kleider staubig, schweißbefeuchtet:
Und er ward Paulus, Christi Held,
Des Strahl die ganze Welt durchleuchtet.

ADELE SCHOPENHAUER

Weihnachten wird es für die Welt!

Weihnachten wird es für die Welt!
Mir aber – ist mein Lenz bestellt,
Mir ging in solcher Jahresnacht
Einst leuchtend auf der Liebe Pracht!
Und an der Kindheit Weihnachtsbaum
Stand Englein gleich der erste Traum!
Und aus dem eiskristall'nen Schoß
Rang sich die erste Blüte los –
  Seitdem schau' ich nun jedes Jahr
Nicht was noch *ist* – nur was einst *war*!

Den 1. November

ACHIM VON ARNIM

Weihnacht

Es klingt von aller Festlichkeit
Kein Ton in diese Einsamkeit,
Das ganze Land ist weiß verschneit,
Die Sonne zieht von hier so weit,
Und graue Wolken drängen dicht
Sich um das schwache Sternenlicht.

Kein Hirte weilt hier auf dem Feld
Kein Weiser sieht hier einen Stern,
Der blinde Glaub, ein tapfrer Held
Blickt doch zu dir dem ewgen Herrn,
Was auch die Welt ihm angetan
Es wird verschwinden wie ein Wahn.

Wer ihn gekränkt mit bitterm Hohn,
Ihm hat verziehen Gott der Sohn,
Wer ihn gestoßen von dem Thron
Wird bald ihm dienen ohne Lohn
Und wer die Kirche hat zerstört,
In ihren Trümmern sich bekehrt.

Zum Heiligtum wird jeder Stein
Und wo ich wandle ganz allein,
Da ziehts mich nieder mich zu weihn
Mit meinen Tränen heißer Pein,

Ja mich umgibt hier die Gemein
Und drängt sich her im Nebelschein.

Der Schnee zerschmilzt von dieser Höh
Die Fundament ich wieder seh,
Am Altar ich hier wieder steh
Den ich als Kind verließ mit Weh,
Und dieser fremde Pilgerchor,
Baut rings die neue Kirch empor.

Wo ist des Wahnes irre Macht
Wo ist das Dunkel dieser Nacht,
Es drang die Menschheit aus dem Schacht,
Und trägt die unterirdsche Pracht
Zu diesem Bau voll Herrlichkeit
Mit Demant ist die Erd beschneit.

Vergeben und vergessen heißt
Der neuen Lehre tiefer Geist,
Die Flut sich vor dem Schiff enteist
Das dieser Sturm nach Morgen reißt
Ich bin der Hirt, der Weise auch
Seit mich ergriff der heilge Hauch.

Ich stehe an des Stalles Tür
Daß ich kann opfern nach Gebühr
Was ich im Namen aller führ
Daß ich die goldenen Saiten rühr
Und still des Kindleins Trauerschrein
Weil es sich sah so ganz allein.

Ja in dem Kinde wacht die Nacht,
Die uns erstrahlt und noch umwacht,
Es hat das Heil der Welt gebracht
O seht wie es nun strahlend lacht,
So wird die Sonne nun ein Bild
Von seinem Antlitz mächtig mild.

Wo ich in Einsamkeit verschneit
Umschließt mich nun Geselligkeit
Zum Gleichnis wird der Frühlingsschein
Zu dieses Kindleins Blicken rein
Es zeigt die holde Frühlingszeit
Doch nur die Welt in Freudigkeit.

ACHIM VON ARNIM

Vergolde die Nüsse

Vergolde die Nüsse
Sie bleiben doch hart,
Und esse was süße
Und küsse was zart
Und putze das Bäumchen
Und zünde es an,
Schlaf goldene Träumchen,
Du kindischer Mann.
Heut träum dich in Eisen
Und Liebe getaucht
Und laß dir was weisen
Und wie es verraucht,
Und machs nur wie alle
Und sei nur geschickt,
Tritt auf hoch mit Schalle,
Tritt ab tief gebückt.

ACHIM VON ARNIM

Weihnachtsmorgen 1808

Die längste Nacht ist nun vorüber
Das Kriegesfeuer ausgebrannt,
Doch weiße Asche deckt das Land
Des Kindleins Sterne weinen drüber
Und dieses Morgenrot ist trüber
Als jene Nacht von unsrer Schand,
Wer reicht dem Kindlein Brust und Hand
Die Mutter ringt mit Schreckensfieber.

O Kind du weinst in harter Krippe
Wie kommst du in so kalte Zeit,
Der Mutterleib war eine Klippe
Ein Abgrund ist die Welt so weit;
Gib Milch der Brust, gib Lieb der Lippe
Sonst schmachtest du zur Ewigkeit.

AUGUST HEINRICH
HOFFMANN VON FALLERSLEBEN

O schöne, herrliche Weihnachtszeit!

O schöne, herrliche Weihnachtszeit!
Was bringst du Lust und Fröhlichkeit!
Wenn der heilige Christ in jedem Haus
teilt seine lieben Gaben aus.
Und ist das Häuschen noch so klein,
so kommt der heilige Christ hinein,
und alle sind ihm lieb wie die Seinen,
die Armen und Reichen, die Grossen und Kleinen.
Der heilige Christ an alle denkt,
ein jedes wird von ihm beschenkt.
Drum lasst uns freuen und dankbar sein!
Er denkt auch unser, mein und dein!

EDUARD MÖRIKE

Die heilige Nacht

Gesegnet sei die Heilige Nacht,
Die uns das Licht der Welt gebracht! –

Wohl unterm lieben Himmelszelt
Die Hirten lagen auf dem Feld.

Ein Engel Gottes, licht und klar,
Mit seinem Gruß tritt auf sie dar.

Vor Angst sie decken ihr Angesicht,
Da spricht der Engel: »Fürcht't euch nicht!

Ich verkünd' euch große Freud:
Der Heiland ist euch geboren heut.«

Da gehn die Hirten hin in Eil,
Zu schaun mit Augen das ewig Heil;

Zu singen dem süßen Gast Willkomm,
Zu bringen ihm ein Lämmlein fromm. –

Bald kommen auch gezogen fern
Die Heil'gen Drei König' mit ihrem Stern.

Sie knien vor dem Kindlein hold,
Schenken ihm Myrrhen, Weihrauch, Gold.

Vom Himmel hoch der Engel Heer
Frohlocket: »Gott in der Höh sei Ehr!«

EDUARD MÖRIKE

Christbescherung

Am 23. Dezember war ein schön herangewachsener Nußbaum für meine Schwester Klärchen in den Garten gepflanzt worden, welcher am Weihnachtsabend festlich beleuchtet und geschmückt wurde.

Gesegnet sei er alle Zeit
Von der Wurzel bis zum Gipfel.
Uhland

Der Nußbaum spricht:
Heut' sieht man Büblein, Mägdlein warten
Auf einen schönen Christkindgarten.
Da stellt man in die Mitt hinein
Ein Tannenreis in Lichterschein,
Da hängt viel Naschwerk, Marzipan,
Auch sogar güldne Nüss' daran.
Doch sind die Nüsse dürr und alt,
Die grünen Zweige welken bald,
Das Bäumlein kann halt nicht verhehlen,
Daß Leben ihm und Wurzel fehlen.
Ein kluges Kind hat das bald weg,
Und ist nur gessen erst der Schleck,
Dann ist ein solcher Baum veracht't.
Sein Glanz und Lust war über Nacht. –
Schaut her! da bin ich, meiner Sex,
Doch ein ganz anderes Gewächs!

Mich lud der Freund in seinen Garten,
Dem blonden Kinde aufzuwarten;
Ich ginge gern hinein zum Liebchen
Und grüßte sie im warmen Stübchen,
Allein das schickt sich doch nicht ganz,
Ich bin ein gar zu langer Hans;
Drum bat ich sie zu mir heraus.
Zwar steh' ich kahl und ohne Strauß,
Doch wart'! es kommt die Sommerszeit
Da ist's, wo unsereins sich freut!
Da wickl' ich los mein würzig Blatt
Es sieht kein Menschenaug' sich satt;
Die Vögel singen in meinen Zweigen,
Und alles, Schätzchen, ist dein eigen!
Und hast du mir es heut verziehn,
Daß ich nun bloß von Früchten bin,
So bring' ich dir gewiß und wahr
Ein Schürzlein Nüsse Jahr für Jahr.

THEODOR STORM

Weihnachtslied

Vom Himmel in die tiefsten Klüfte
Ein milder Stern herniederlacht;
Vom Tannenwalde steigen Düfte
Und hauchen durch die Winterlüfte,
Und kerzenhelle wird die Nacht.

Mir ist das Herz so froh erschrocken,
Das ist die liebe Weihnachtszeit!
Ich höre fernher Kirchenglocken
Mich lieblich heimatlich verlocken
In märchenstille Herrlichkeit.

Ein frommer Zauber hält mich wieder,
Anbetend, staunend muß ich stehn;
Es sinkt auf meine Augenlider
Ein goldner Kindertraum hernieder,
Ich fühl's, ein Wunder ist geschehn.

THEODOR STORM

Weihnachtsabend

An die hellen Fenster kommt er gegangen
Und schaut in des Zimmers Raum;
Die Kinder alle tanzten und sangen
Um den brennenden Weihnachtsbaum.

Da pocht ihm das Herz, daß es will zerspringen;
»Oh«, ruft er, »laßt mich hinein!
Was Frommes, was Fröhliches will ich euch singen
Zu dem hellen Kerzenschein.«

Und die Kinder kommen, die Kinder ziehen
Zur Schwelle den nächtlichen Gast;
Still grüßen die Alten, die Jungen umknien
Ihn scheu in geschäftiger Hast.

Und er singt: »Weit glänzen da draußen die Lande
Und locken den Knaben hinaus;
Mit klopfender Brust, im Reisegewande
Verläßt er das Vaterhaus.

Da trägt ihn des Lebens breitere Welle
Wie war so weit die Welt!
Und es findet sich mancher gute Geselle,
Der's treulich mit ihm hält.

Tief bräunt ihm die Sonne die Blüte der Wangen,
Und der Bart umsprosset das Kinn;
Den Knaben, der blond in die Welt gegangen,
Wohl nimmer erkennet ihr ihn.

Aus goldenen und aus blauen Reben
Es mundet ihm jeder Wein;
Und dreister greift er in das Leben
Und in die Saiten ein.

Und für manche Dirne mit schwarzen Locken
Im Herzen findet er Raum; –
Da klingen durch das Land die Glocken,
Ihm war's wie ein alter Traum.

Wohin er kam, die Kinder sangen,
Die Kinder weit und breit;
Die Kerzen brannten, die Stimmlein klangen,
Das war die Weihnachtszeit.

Da fühlte er, daß er ein Mann geworden,
Hier gehörte er nicht dazu.
Hinter den blauen Bergen im Norden
Ließ ihm die Heimat nicht Ruh.

An die hellen Fenster kam er gegangen
Und schaut' in des Zimmers Raum;
Die Schwestern und Brüder tanzten und sangen
Um den brennenden Weihnachtsbaum.« –

Da war es, als würden lebendig die Lieder
Und nahe, der eben noch fern;
Sie blicken ihn an und blicken wieder;
Schon haben ihn alle so gern.

Nicht länger kann er das Herz bezwingen,
Er breitet die Arme aus:
»Oh, schließet mich ein in das Preisen und Singen,
Ich bin ja der Sohn vom Haus!«

THEODOR STORM

Weihnachtsabend

Die fremde Stadt durchschritt ich sorgenvoll,
Der Kinder denkend, die ich ließ zu Haus.
Weihnachten war's: durch alle Gassen scholl
Der Kinderjubel und des Markts Gebraus.

Und wie der Menschenstrom mich fortgespült,
Drang mir ein heiser Stimmlein in das Ohr:
»Kauft, lieber Herr!« Ein magres Händchen hielt
Feilbietend mir ein ärmlich Spielzeug vor.

Ich schrak empor, und beim Laternenschein
Sah ich ein bleiches Kinderangesicht;
Wes Alters und Geschlechts es mochte sein,
Erkannt ich im Vorübertreiben nicht.

Nur von dem Treppenstein, darauf es saß,
Noch immer hört ich, mühsam, wie es schien:
»Kauft, lieber Herr!« den Ruf ohn' Unterlaß;
Doch hat wohl keiner ihm Gehör verliehn.

Und ich? – War's Ungeschick, war es die Scham,
Am Weg zu handeln mit dem Bettelkind?
Eh meine Hand zu meiner Börse kam,
Verscholl das Stimmlein hinter mir im Wind.

Doch als ich endlich war mit mir allein,
Erfaßte mich die Angst im Herzen so,
Als säß mein eigen Kind auf jenem Stein
Und schrie nach Brot, indessen ich entfloh.

THEODOR STORM

Knecht Ruprecht

Von drauß' vom Walde komm ich her;
Ich muß euch sagen, es weihnachtet sehr!
Allüberall auf den Tannenspitzen
Sah ich goldene Lichtlein sitzen;
Und droben aus dem Himmelstor
Sah mit großen Augen das Christkind hervor.
Und wie ich so strolcht durch den finstern Tann,
Da rief's mich mit heller Stimme an.
»Knecht Ruprecht«, rief es, »alter Gesell,
Hebe die Beine und spute dich schnell!
Die Kerzen fangen zu brennen an.
Das Himmelstor ist aufgetan,
Alt' und Junge sollen nun
Von der Jagd des Lebens einmal ruhn;
Und morgen flieg ich hinab zur Erden,
Denn es soll wieder Weihnachten werden!«
Ich sprach: »O lieber Herre Christ,
Meine Reise fast zu Ende ist;
Ich soll nur noch in diese Stadt,
Wo's eitel gute Kinder hat.«
– »Hast denn das Säcklein auch bei dir?«
Ich sprach: »Das Säcklein, das ist hier:
Denn Äpfel, Nuß und Mandelkern
Fressen fromme Kinder gern.«
– »Hast denn die Rute auch bei dir?«
Ich sprach: »Die Rute, die ist hier;

Doch für die Kinder nur, die schlechten,
Die trifft sie auf den Teil, den rechten.«

THEODOR FONTANE

Noch ist der Herbst nicht ganz entflohn

Noch ist Herbst nicht ganz entflohn,
Aber als Knecht Ruprecht schon
Kommt der Winter hergeschritten,
Und alsbald aus Schnees Mitten
Klingt des Schlittenglöckleins Ton.

Und was jüngst noch, fern und nah,
Bunt auf uns herniedersah,
Weiß sind Türme, Dächer, Zweige,
Und das Jahr geht auf die Neige,
Und das schönste Fest ist da.

Tag du der Geburt des Herrn,
Heute bist du uns noch fern,
Aber Tannen, Engel, Fahnen
Lassen uns den Tag schon ahnen,
Und wir sehen schon den Stern.

THEODOR FONTANE

Am Heiligen Abend

Fröhlich zog ich meine Straße,
Sang ein liebes, altes Lied,
Das in meiner Brust erklungen,
Eh' die Liebe von mir schied.

Plötzlich tönen Kirchenglocken
Aus der Ferne zu mir her,
Meine frohen Lieder stocken,
Und das Singen geht nicht mehr.

Kündet doch des Turms Geläute,
Daß ein Feiertag beginnt,
Daß der Heilge Abend heute,
Und die Ostern morgen sind.

Staunt ihr, daß bei solcher Kunde
Meine Freude mich verläßt?!
Ach, mein Herz, das ich begraben,
Feiert nicht sein Osterfest!

THEODOR FONTANE

Zu Weihnachten 1856

Die Weihnachtszeit ist wieder da
Mit Tannen und mit Lichtern,
Ich stünde gern als Herr Papa
Unter lachenden Gesichtern;
Doch ach, zu fremdem Gänse-Genuß
Nach Brompton fahr' ich im Omnibus,
Es geht nun mal nicht anders.

Gern kröch ich umher mit meinem boy
Wie der Sohn der Jeanne d'Albret
Und stimmte mit ein, bei Hott und Hoi,
In sein Lachen und Gedalbre;
Doch die Abschlagszahlung auf meinen Wunsch
Heißt ›66‹ und Whisky-Punsch –
Es geht nun mal nicht anders.

Die Stunden gehen, die Tage gehen.
Vergehen immer geschwinder,
Es kommt, will's Gott, ein Wiedersehn,
Es kommen Frau und Kinder,
Es ist der Trennung bald genug
Und leer wird auch ein bittrer Krug,
Es geht nun mal nicht anders.

THEODOR FONTANE

Weihnachten 1859

An Emilie

Gekommen ist der heil'ge Christ
Die ganze Stadt voll Lichter ist;
Auch unsre sollen brennen.
Die Sorgen weg und zünde an,
Ich will derweil, so gut ich kann,
Dir meine Wünsche nennen.

Empfang zuerst ein Strumpfenband,
Das ich für dreißig Pfengk erstand
Bei Fonrobert im Laden.
Ich wünsche dir, geliebtes Weib,
Bald wieder einen dünnern Leib
Und etwas dick're Waden.

Empfang alsdann ein Kontobuch,
Fürs Credit ist es groß genug,
Fürs Debet etwas kleine.
Indes, es heißt ja: »rund die Welt«,
Der Beutel wird mal wieder Geld
Und hilft uns auf die Beine.

Und drum zuletzt den heißen Wunsch,
Daß unsres Schicksals dicker Flunsch
Bald hübsch'ren Zügen weiche,

Und daß ein bißchen Sonnenschein
Zieh wieder endlich bei uns ein
Und unser Herz beschleiche.

THEODOR FONTANE

Zum 24. Dezember 1890

Noch einmal ein Weihnachtsfest.
Immer kleiner wird der Rest,
Aber nehm' ich so die Summe,
Alles Grade, alles Krumme,
Alles Falsche, alles Rechte,
Alles Gute, alles Schlechte –
Rechnet sich aus all dem Braus
Doch ein richtig' Leben 'raus.
Und dies können ist das Beste
Wohl bei diesem Weihnachtsfeste.

*

Ruhig sein, nicht ärgern, nicht kränken,
Ist das allerliebste Schenken;
Aber mit diesem Pfefferkuchen
Will ich es noch mal versuchen.

GOTTFRIED KELLER

Winternacht

Nicht ein Flügelschlag ging durch die Welt,
Still und blendend lag der weiße Schnee.
Nicht ein Wölklein hing am Sternenzelt,
Keine Welle schlug im starren See.

Aus der Tiefe stieg der Seebaum auf,
Bis sein Wipfel in dem Eis gefror;
An den Ästen klomm die Nix herauf,
Schaute durch das grüne Eis empor.

Auf dem dünnen Glase stand ich da,
Das die schwarze Tiefe von mir schied;
Dicht ich unter meinen Füßen sah
Ihre weiße Schönheit Glied um Glied.

Mit ersticktem Jammer tastet' sie
An der harten Decke her und hin,
Ich vergeß' das dunkle Antlitz nie,
Immer, immer liegt es mir im Sinn!

GOTTFRIED KELLER

Weihnachtsmarkt

Welch lustiger Wald um das graue Schloß
Hat sich zusammengefunden,
Ein grünes bewegliches Nadelgehölz,
Von keiner Wurzel gebunden!

Anstatt der warmen Sonne scheint
Das Rauschgold durch die Wipfel;
Hier backt man Kuchen, dort brät man Wurst,
Das Räuchlein zieht um die Gipfel.

Es ist ein fröhliches Leben im Wald,
Das Volk erfüllet die Räume;
Die nie mit Tränen ein Reis gepflanzt,
Die fällen am frohsten die Bäume.

Der eine kauft ein bescheidnes Gewächs
Zu überreichen Geschenken,
Der andre einen gewaltigen Strauch,
Drei Nüsse daran zu henken.

Dort feilscht um ein verkrüppeltes Reis
Ein Weib mit scharfen Waffen:
Der dünne Silberling soll zugleich
Den Baum und die Früchte verschaffen!

Mit glühender Nase schleppt der Lakai
Die schwere Tanne von hinnen,
Das Zöfchen trägt ein Leiterchen nach,
Zu ersteigen die grünen Zinnen.

Und kommt die Nacht, so singt der Wald
Und wiegt sich im Gaslichtscheine;
Bang führt die arme Mutter ihr Kind
Vorüber dem Zauberhaine.

Einst sah ich einen Weihnachtsbaum:
Im düstern Bergesbanne
Stand eisbezuckert auf dem Granit
Die alte Wettertanne.

Und zwischen den Ästen waren schön
Die Sterne aufgegangen,
Am untersten Ast sah ich entsetzt
Die alte Schmidtin hangen.

Hell schien der Mond ihr ins Gesicht,
Das festlich still verkläret;
Weil sie auf der Welt sonst nichts besaß,
Hatte sie sich selbst bescheret.

CONRAD FERDINAND MEYER

Friede auf Erden

Da die Hirten ihre Herde
Ließen und des Engels Worte
Trugen durch die niedre Pforte
Zu der Mutter und dem Kind,
Fuhr das himmlische Gesind
Fort im Sternenraum zu singen,
Fuhr der Himmel fort zu klingen:
Friede, Friede! auf der Erde!

Seit die Engel so geraten,
O wie viele blut'ge Taten
Hat der Streit auf wildem Pferde,
Der geharnischte, vollbracht!
In wie mancher heil'gen Nacht
Sang der Chor der Geister zagend,
Dringlich flehend, leis verklagend:
Friede, Friede … auf der Erde!

Doch es ist ein ew'ger Glaube,
Daß der Schwache nicht zum Raube
Jeder frechen Mordgebärde
Werde fallen allezeit:
Etwas wie Gerechtigkeit
Webt und wirkt in Mord und Grauen,
Und ein Reich will sich erbauen,
Das den Frieden sucht der Erde.

Mählich wird es sich gestalten,
Seines heil'gen Amtes walten,
Waffen schmieden ohne Fährde,
Flammenschwerter für das Recht,
Und ein königlich Geschlecht
Wird erblühn mit starken Söhnen,
Dessen helle Tuben dröhnen:
Friede, Friede auf der Erde!

CONRAD FERDINAND MEYER

Weihnacht in Ajaccio

Reife Goldorangen fallen sahn wir heute, Myrte blühte,
Eidechs glitt entlang der Mauer, die von Sonne glühte.

Uns zu Häupten neben einem morschen Laube flog
ein Falter –
Keine herbe Grenze scheidet Jugend hier und Alter.

Eh' das welke Blatt verweht ist, wird die Knospe
neu geboren –
Eine liebliche Verwirrung, schwebt der Zug der Horen.

Sprich, was träumen deine Blicke? Fehlt ein Winter dir,
ein bleicher?
Teures Weib, du bist um einen lichten Frühling reicher!

Liebst du doch die langen Sonnen und die Kraft und Glut
der Farben!
Und du sehnst dich nach der Heimat, wo sie längst
erstarben?

Horch! durch paradieseswarme Lüfte tönen
Weihnachtsglocken!
Sprich, was träumen deine Blicke? Von den weißen
Flocken?

WILHELM BUSCH

Der Stern

Hätt einer auch fast mehr Verstand
als wie die drei Weisen aus Morgenland
und ließe sich dünken, er wär wohl nie
dem Sternlein nachgereist wie sie;
dennoch, wenn nun das Weihnachtsfest
seine Lichtlein wonniglich scheinen läßt,
fällt auch auf sein verständig Gesicht,
er mag es merken oder nicht,
ein freundlicher Strahl
Des Wundersternes von dazumal.

ERNST VON WILDENBRUCH

Weihnacht

Die Welt wird kalt, die Welt wird stumm,
der Winter-Tod zieht schweigend um;
er zieht das Leilach weiß und dicht
der Erde übers Angesicht –
Schlafe – schlafe

Du breitgewölbte Erdenbrust,
du Stätte aller Lebenslust,
hast Duft genug im Lenz gesprüht,
im Sommer heiß genug geglüht,
nun komme ich, nun bist du mein,
gefesselt nun im engen Schrein –
Schlafe – schlafe

Die Winternacht hängt schwarz und schwer,
ihr Mantel fegt die Erde leer,
die Erde wird ein schweigend Grab,
ein Ton geht zitternd auf und ab:
Sterben – sterben.

Da horch – im totenstillen Wald
was für ein süßer Ton erschallt?
Da sieh – in tiefer dunkler Nacht
was für ein süßes Licht erwacht?
Als wie von Kinderlippen klingt's,
von Ast zu Ast wie Flammen springt's,

vom Himmel kommt's wie Engelsang,
ein Flöten- und Schalmeienklang:
Weihnacht! Weihnacht!

Und siehe – welch ein Wundertraum:
Es wird lebendig Baum an Baum,
der Wald steht auf, der ganze Hain
zieht wandelnd in die Stadt hinein.
Mit grünen Zweigen pocht es an:
»Tut auf, die sel'ge Zeit begann,
Weihnacht! Weihnacht!«

Da gehen Tür und Tore auf,
da kommt der Kinder Jubelhauf,
aus Türen und aus Fenstern bricht
der Kerzen warmes Lebenslicht.
Bezwungen ist die tote Nacht,
zum Leben ist die Lieb' erwacht,
der alte Gott blickt lächelnd drein,
des laßt uns froh und fröhlich sein!
Weihnacht! Weihnacht!

OTTOKAR KERNSTOCK

In der Christnacht

Ein Bettelkind schleicht durch die Gassen –
Der Markt läßt seine Wunder seh'n:
Lichtbäumchen, Spielzeug, bunte Massen.
Das Kind blieb traumverloren steh'n.

Aufseufzt die Brust, die leidgepreßte,
Die Wimpern sinken tränenschwer.
Ein freudlos Kind am Weihnachtsfeste –
Ich weiß kein Leid, das tiefer wär'.

Im Prunksaal gleißt beim Kerzenscheine
Der Gaben köstliches Gemisch,
Und eine reichgeputzte Kleine
Streicht gähnend um den Weihnachtstisch.

Das Schönste hat sie längst, das Beste,
Ihr Herz ist satt und wünscht nichts mehr.
Ein freudlos Kind am Weihnachtsfeste –
Ich weiß kein Leid, das tiefer wär'.

Doch gält's in Wahrheit zu entscheiden,
Wer des Erbarmens Preis verdient –
Ich spräch': Das ärmste von euch beiden
Bist du, du armes reiches Kind!

ARNO HOLZ

Auf einem Berg aus Zuckerkant

Auf einem Berg aus Zuckerkant,
unter einem blühenden Machandelbaum,
blinkt mein Pfefferkuchenhäuschen.

Seine Fensterchen sind aus Goldpapier,
aus seinem Schornstein raucht Watte.

Im grünen Himmel, über mir, rauscht die
Weihnachtstanne.

In meinem See aus Staniol
spiegeln sich alle ihre Engel, alle ihre Lichter!

Die kleinen Kinder stehn rum
und staunen mich an.

Ich bin der Zwerg Turlitipu.

Mein dicker Bauch ist aus Traganth,
meine Beinchen Streichhölzer,
meine listigen Äugelchen
Korinthen.

Zwölf!

Durch die Gardinen in den Weihnachtsbaum
scheint der Mond.

Alle Engelchen glitzern.

Im weissen Kleidchen schluchzt die Braut,
wir halten Hochzeit.

Katerlieschen ist unsre Grossmama,
unser Grosspapa heisst Rumpelstilzchen.

Eine uralte Familie!

Die ganze Sippschaft,
alle Marzipanschweinchen sind geladen.

Leise,
knisternd,
seinen Segen,
singt der Weihnachtsstern.

OTTO JULIUS BIERBAUM

Der armen Kinder Weihnachtslied

Hört, schöne Herr'n und Frauen,
Die ihr im Lichte seid:
Wir kommen aus dem Grauen,
Dem Lande Not und Leid;
Weht tun uns unsre Füße
Und unsre Herzen weh,
Doch kam uns eine süße
Botschaft aus Eis und Schnee.
Es ist ein Licht erglommen,
Und uns auch gilt sein Schein.
Wir habens wohl vernommen:
Das Christkind ist gekommen
Und soll auch uns gekommen sein.

Drum gehn wir zu den Orten,
Die hell erleuchtet sind,
Und klopfen an die Pforten:
Ist hier das Christuskind?
Es hat wohl nicht gefunden
Den Weg in unsre Nacht,
Drum haben wir mit wunden
Füßen uns aufgemacht,
Daß wir ihm unsre frommen
Herzen und Bitten weihn.
Wir habens wohl vernommen:

Das Christkind ist gekommen
Und soll auch uns gekommen sein.

So laßt es uns erschauen,
Die ihr im Lichte seid!
Wir kommen aus dem Grauen,
Dem Lande Not und Leid;
Wir kommen mit wund' Füßen,
Doch sind wir trostgemut:
Wenn wir das Christkind grüßen,
Wird alles, alles gut.
Der Stern, der heut erglommen,
Gibt allen seinen Schein:
Das Christkind ist gekommen! –
Die ihr es aufgenommen,
O, laßt auch uns zu Gaste sein!

LUDWIG THOMA

Heilige Nacht

So ward der Herr Jesus geboren
Im Stall bei der kalten Nacht.
Die Armen, die haben gefroren,
Den Reichen war's warm gemacht.

Sein Vater ist Schreiner gewesen,
Die Mutter war eine Magd.
Sie haben kein Geld nicht besessen,
Sie haben sich wohl geplagt.

Kein Wirt hat ins Haus sie genommen;
Sie waren von Herzen froh,
Daß sie noch in Stall sind gekommen.
Sie legten das Kind auf Stroh.

Die Engel, die haben gesungen,
Daß wohl ein Wunder geschehn.
Da kamen die Hirten gesprungen
Und haben es angesehn.

Die Hirten, die will es erbarmen,
Wie elend das Kindlein sei.
Es ist eine G'schicht' für die Armen,
Kein Reicher war nicht dabei.

CHRISTIAN MORGENSTERN

Winternacht

Es war einmal eine Glocke,
die machte baum, baum.
Und es war einmal eine Flocke,
die fiel dazu wie im Traum.

Die fiel dazu wie im Traum …
Die sank so leis hernieder
wie ein Stück Engleingefieder
aus dem silbernen Sternenraum.

Es war einmal eine Glocke,
die machte baum, baum.
Und dazu fiel eine Flocke,
so leis als wie ein Traum.

So leis als wie ein Traum.
Und als vieltausend gefallen leis,
da war die ganze Erde weiß,
als wie von Engleinflaum.

Da war die ganze Erde weiß,
als wie von Engleinflaum.

CHRISTIAN MORGENSTERN

Das Weihnachtsbäumlein

Es war einmal ein Tännelein
mit braunen Kuchenherzlein
und Glitzergold und Äpflein fein
und vielen bunten Kerzlein:
Das war am Weihnachtsfest so grün
als fing es eben an zu blühn.

Doch nach nicht gar zu langer Zeit,
da stands im Garten unten,
und seine ganze Herrlichkeit
war, ach, dahingeschwunden.
Die grünen Nadeln warn verdorrt,
die Herzlein und die Kerzlein fort.

Bis eines Tags der Gärtner kam,
den fror zu Haus im Dunkeln,
und es in seinen Ofen nahm –
Hei! Tats da sprühn und funkeln!
Und flammte jubelnd himmelwärts
in hundert Flämmlein an Gottes Herz.

HUGO VON HOFMANNSTHAL

Weihnacht

Weihnachtsgeläute
Im nächtigen Wind ...
Wer weiß, wo heute
Die Glocken sind,
Die Töne von damals sind?

Die lebenden Töne
Verflogener Jahr'
Mit kindischer Schöne
Und duftendem Haar,
Mit tannenduftigem Haar,

Mit Lippen und Locken
Von Träumen schwer? ...
Und wo kommen die Glocken
Von heute her,
Die wandernden heute her?

Die kommenden Tage,
Die wehn da vorbei.
Wer hörts, ob Klage,
Ob lachender Mai,
Ob blühender, glühender Mai? ...

RAINER MARIA RILKE

Advent

Es treibt der Wind im Winterwalde
die Flockenherde wie ein Hirt,
und manche Tanne ahnt, wie balde
sie fromm und lichterheilig wird;
und lauscht hinaus. Den weißen Wegen
streckt sie die Zweige hin – bereit,
und wehrt dem Wind und wächst entgegen
der einen Nacht der Herrlichkeit.

RAINER MARIA RILKE

Geburt Christi

Hättest du der Einfalt nicht, wie sollte
dir geschehn, was jetzt die Nacht erhellt?
Sieh, der Gott, der über Völkern grollte,
macht sich mild und kommt in dir zur Welt.

Hast du dir ihn größer vorgestellt?

Was ist Größe? Quer durch alle Maße,
die er durchstreicht, geht sein grades Los.
Selbst ein Stern hat keine solche Straße.
Siehst du, diese Könige sind groß,

und sie schleppen dir vor deinen Schooß

Schätze, die sie für die größten halten,
und du staunst vielleicht bei dieser Gift –:
aber schau in deines Tuches Falten,
wie er jetzt schon alles übertrifft.

Aller Amber, den man weit verschifft,

jeder Goldschmuck und das Luftgewürze,
das sich trübend in die Sinne streut:
alles dieses war von rascher Kürze,
und am Ende hat man es bereut.

Aber (du wirst sehen): Er erfreut.

RAINER MARIA RILKE

Vor Weihnachten 1914

I

Da kommst du nun, du altes zahmes Fest,
und willst, an mein einstiges Herz gepreßt,
getröstet sein. Ich soll dir sagen: du
bist immer noch die Seligkeit von einst
und ich bin wieder dunkles Kind und tu
die stillen Augen auf, in die du scheinst.
Gewiß, gewiß. Doch damals, da ichs war,
und du mich schön erschrecktest, wenn die Türen
aufsprangen – und dein wunderbar
nicht länger zu verhaltendes Verführen
sich stürzte über mich wie die Gefahr
reißender Freuden: damals selbst, empfand
ich damals *dich*? Um jeden Gegenstand
nach dem ich griff, war Schein von deinem Scheine,
doch plötzlich ward aus ihm und meiner Hand
ein neues Ding, das bange, fast gemeine
Ding, das besitzen heißt. Und ich erschrak.
O wie doch alles, eh ich es berührte,
so rein und leicht in meinem Anschaun lag.
Und wenn es auch zum Eigentum verführte,
noch war es keins. Noch haftete ihm nicht
mein Handeln an; mein Mißverstehn; mein Wollen
es solle etwas sein, was es nicht *war*.
Noch war es klar

und klärte mein Gesicht.
Noch fiel es nicht, noch kam es nicht ins Rollen,
noch war es nicht das Ding, das widerspricht.
Da stand ich zögernd vor dem wundervollen
Un-Eigentum .....

2

(......... Oh, daß ich nun vor dir
so stünde, Welt, so stünde, ohne Ende
anschauender. Und heb ich je die Hände
so lege nichts hinein; denn ich verlier.

Doch laß durch mich wie durch die Luft den Flug
der Vögel gehen. Laß mich, wie aus Schatten
und Wind gemischt, dem schwebenden Bezug
kühl fühlbar sein. Die Dinge, die wir hatten,

(o sieh sie an, wie sie uns nachschaun) nie
erholen sie sich ganz. Nie nimmt sie wieder
der reine Raum. Die Schwere unsrer Glieder,
was an uns Abschied ist, kommt über sie.)

3

Auch dieses Fest laß los, mein Herz. Wo sind
Beweise, daß es dir gehört? Wie Wind
aufsteht und etwas biegt und etwas drängt,
so fängt in dir ein Fühlen an und geht
wohin? drängt was? biegt was? Und drüber übersteht,

unfühlbar, Welt. Was willst du feiern, wenn
die Festlichkeit der Engel dir entweicht?
Was willst du fühlen? Ach, dein Fühlen reicht
vom Weinenden zum Nicht-mehr-Weinenden.
Doch drüber sind, unfühlbar, Himmel leicht
von zahllos Engeln. Dir unfühlbar. Du
kennst nur den Nicht-Schmerz. Die Sekunde Ruh
zwischen zwei Schmerzen. Kennst den kleinen Schlaf
im Lager der ermüdeten Geschicke.
Oh wie dich, Herz, vom ersten Augenblicke
das Übermaß des Daseins übertraf.
Du fühltest auf. Da türmte sich vor dir
zu Fühlendes: ein Ding, zwei Dinge, vier
bereite Dinge. Schönes Lächeln stand
in einem Antlitz. Wie erkannt
sah eine Blume zu dir auf. Da flog
ein Vogel durch dich hin wie durch die Luft.
Und war dein Blick zu voll, so kam ein Duft,
und war es Dufts genug, so bog ein Ton
sich dir ans Ohr ... Schon
wähltest du und winktest: dieses nicht.
Und dein Besitz ward sichtbar am Verzicht.
Bang wie ein Sohn ging manches von dir fort
und sah sich lange um, und sieht von dort,
wo du nicht fühlst, noch immer her. O daß
du immer wieder wehren mußt: genug,
statt: *mehr!* zu rufen, statt Bezug
in dich zu reißen, wie der Abgrund Bäche?
Schwächliches Herz. Was soll ein Herz aus Schwäche?
Heißt Herz-sein nicht Bewältigung?

Daß aus dem Tier-Kreis mir mit einem Sprung
dein Steinbock auf mein Herzgebirge spränge.
Geht nicht durch mich der Sterne Schwung?
Umfaß ich nicht das weltische Gedränge?
Was bin ich hier? Was war ich jung?

RAINER MARIA RILKE

Die Heiligen Drei Könige

Legende

Einst als am Saum der Wüsten sich
auftat die Hand des Herrn
wie eine Frucht, die sommerlich
verkündet ihren Kern,
da war ein Wunder: Fern
erkannten und begrüßten sich
drei Könige und ein Stern.

Drei Könige von Unterwegs
und der Stern Überall,
die zogen alle (überlegs!)
so rechts ein Rex und links ein Rex
zu einem stillen Stall.

Was brachten die nicht alles mit
zum Stall von Bethlehem!
Weithin erklirrte jeder Schritt,
und der auf einem Rappen ritt,
saß samten und bequem.
Und der zu seiner Rechten ging,
der war ein goldner Mann,
und der zu seiner Linken fing
mit Schwung und Schwing
und Klang und Kling

aus einem runden Silberding,
das wiegend und in Ringen hing,
ganz blau zu rauchen an.

Da lachte der Stern Überall
so seltsam über sie,
und lief voraus und stand am Stall
und sagte zu Marie:
Da bring ich eine Wanderschaft
aus vieler Fremde her.
Drei Könige mit magenkraft*,
von Gold und Topas schwer
und dunkel, tumb und heidenhaft, –
erschrick mir nicht zu sehr.
Sie haben alle drei zuhaus
zwölf Töchter, keinen Sohn,
so bitten sie sich deinen aus
als Sonne ihres Himmelblaus
und Trost für ihren Thron.
Doch mußt du nicht gleich glauben: bloß
ein Funkelfürst und Heidenscheich
sei deines Sohnes Los.
Bedenk, der Weg ist groß.
Sie wandern lange, Hirten gleich,
inzwischen fällt ihr reifes Reich
weiß Gott wem in den Schooß.
Und während hier, wie Westwind warm,
der Ochs ihr Ohr umschnaubt,

* mittelhochdeutsch: ›Macht‹ (RMR)

sind sie vielleicht schon alle arm
und so wie ohne Haupt.
Drum mach mit deinem Lächeln licht
die Wirrnis, die sie sind,
und wende du dein Angesicht
nach Aufgang und dein Kind;
dort liegt in blauen Linien,
was jeder dir verließ:
Smaragda und Rubinien
und die Tale von Türkis.

GEORG TRAKL

Ein Winterabend

Wenn der Schnee ans Fenster fällt,
Lang die Abendglocke läutet,
Vielen ist der Tisch bereitet
Und das Haus ist wohlbestellt.

Mancher auf der Wanderschaft
Kommt ans Tor auf dunklen Pfaden.
Golden blüht der Baum der Gnaden
Aus der Erde kühlem Saft.

Wanderer tritt still herein;
Schmerz versteinerte die Schwelle.
Da erglänzt in reiner Helle
Auf dem Tische Brot und Wein.

Achim von Arnim (1781-1831)
Weihnacht, S. 71 · Vergolde die Nüsse, S. 74 · Weihnachtsmorgen 1808, S. 75
Aus: Achim von Arnim, Werke. Band 5: Gedichte. Hg. von Ulfert Ricklefs. Deutscher Klassiker Verlag Frankfurt am Main 1994.

Otto Julius Bierbaum (1865-1910)
Der armen Kinder Weihnachtslied, S. 107
Aus: Der neubestellte Irrgarten der Liebe um etliche Gänge und Lauben vermehrt. Verliebte, launenhafte, moralische und andere Lieder, Gedichte und Sprüche. Insel-Verlag Leipzig 1910.

Clemens Brentano (1778-1842)
Zueignung, S. 49
Aus: Clemens Brentano, Gedichte, Erzählungen, Märchen. Band 1: Gedichte und Erzählungen. Union Verlag, Berlin 1978.

Wilhelm Busch (1832-1908)
Der Stern, S. 101
Aus: Wilhelm Busch, Die Gedichte. Haffmans Verlag, Zürich 2000.

Matthias Claudius (1740-1815)
Vor Gott geht's göttlich her, S. 34
Aus: Matthias Claudius, Sämtliche Werke. Artemis & Winkler Verlag, Düsseldorf und Zürich 1996.

Annette von Droste-Hülshoff (1797-1848)
Am Weihnachtstage, S. 64 · Am zweiten Weihnachtstage (Stephanus), S. 67
Aus: Annette von Droste-Hülshoff, Sämtliche Gedichte. Insel Verlag Frankfurt am Main und Leipzig 1998.

Joseph von Eichendorff (1788-1857)
Weihnachten, S. 53 · Die Flucht der heiligen Familie, S. 54
Aus: Joseph von Eichendorff, Werke. Band 1: Gedichte. Hg. von Hartwig Schultz. Insel Verlag Frankfurt am Main 1988.

August Heinrich Hoffmann von Fallersleben (1798-1874)
O schöne, herrliche Weihnachtszeit!, S. 76
Aus: August Heinrich Hoffmann von Fallersleben, Deutsches Volks-

gesangbuch. Leipzig 1848, Reprint Olms Verlag, Hildesheim 1975.

Theodor Fontane (1819-1898)
Noch ist der Herbst nicht ganz entflohn, S. 89 · Am Heiligen Abend, S. 90 · Zu Weihnachten 1856, S. 91 · Weihnachten 1859, S. 92 · Zum 24. Dezember 1890, S. 94
Aus: Theodor Fontane, Gedichte in einem Band. Hg. von Otto Drude. Insel Verlag Frankfurt am Main und Leipzig 1998.

Christian Fürchtegott Gellert (1715-1769)
Dies ist der Tag, S. 32
Aus: Christian Fürchtegott Gellert, Werke. Hg. von Gottfried Honnefelder. Band 1. Insel Verlag Frankfurt am Main 1982.

Paul Gerhardt (1607-1676)
Ich steh an deiner Krippen hier, S. 21
Aus: Wach auf mein Herz. Die Lieder des Paul Gerhardt. Hg. von Eberhard von Cranach-Sichart. P. Müller Verlag, München 1949.

Johann Wolfgang Goethe (1749-1832)
Weihnachten, S. 37 · Christgeschenk, S. 38 · Epiphanias, S. 39
Aus: Johann Wolfgang von Goethe, Gedichte in zeitlicher Folge. Hg. von Heinz Nicolai. Insel Verlag Frankfurt am Main 1982.

Catharina Regina von Greiffenberg (1633-1694)
Der Hl. Jungfrau Maria Wiegenlied, S. 28
Aus: Dr. Heimo Cerny: Catharina Regina von Greiffenberg. Herkunft, Leben und Werk der größten deutschen Barockdichterin. Stadtgemeinde Amstetten Kulturamt. Amstettner Beiträge 1983.

Franz Grillparzer (1791-1872)
Der Christbaum, S. 57
Aus: Grillparzers sämtliche Werke in zwanzig Bänden. Band III. Hg. und mit Einleitungen versehen von August Sauer. Verlag der J. G. Cotta'schen Buchhandlung Nachfolger, Stuttgart 1883.

Andreas Gryphius (1616-1664)
Über die geburt Jesu, S. 26
Aus: Andreas Gryphius, Werke in drei Bänden. Band 3: Lyrische Gedichte. Wissenschaftliche Buchgesellschaft, Darmstadt 1961.

Johann Christian Günther (1695-1723)
Weihnachtsode, S. 31

Aus: Johann Christian Günther, Gedichte. Reclam, Stuttgart 1975.

Heinrich Heine (1797-1856)
Die heil'gen drei Könige aus dem Morgenland, S. 63
Aus: Heinrich Heine, Werke. Band 1: Gedichte. Ausgewählt und hg. von Christoph Siegrist. Insel Verlag Frankfurt am Main 1968.

Johann Gottfried Herder (1744-1803)
Weihnachtsgesang, S. 35
Aus: Johann Gottfried Herder, Gedichte. Hg. von Johann Georg Müller. J. G. Cotta'sche Buchhandlung, Stuttgart, Tübingen 1836.

Hugo von Hofmannsthal (1874-1929)
Weihnacht, S. 112
Aus: Hugo von Hofmannsthal, Sämtliche Werke. Gedichte 1. Hg. von Eugene Weber. S. Fischer Verlag GmbH, Frankfurt am Main 1984.

Arno Holz (1863-1929)
Auf einem Berg aus Zuckerkant, S. 105
Aus: Arno Holz, Phantasus. Reclam, Stuttgart 1978.

Gottfried Keller (1819-1890)
Winternacht, S. 95 · Weihnachtsmarkt, S. 96
Aus: Gottfried Keller, Gedichte in einem Band. Insel Verlag Frankfurt am Main und Leipzig 1998.

Ottokar Kernstock (1848-1928)
In der Christnacht, S. 104
Aus: Gedichte von Ottokar Kernstock, dem Sänger auf der Festenburg. Ausgewählt und mit einer Einleitung versehen von Rainer Rudolf. Imago-Verlag, Graz 1968.

Friedrich Adolf Krummacher (1767-1845)
Empor zu Gott, mein Lobgesang!, S. 41
Aus: Poetischer Hausschatz des deutschen Volkes. Ein Buch für Schule und Haus von Dr. O. L. B. Wolff. Verlag von Otto Wigand, Leipzig ^{22}1866.

Martin Luther (1483-1546)
Ein Lobgesang von der Geburt Christi, S. 12 · Ein Kinderlied auf die Weihnacht Christ, S. 14 · Ein ander Christlied, S. 17
Aus: Martin Luther, Ausgewählte Schriften. Band V. Hg. von Karin Bornkamm und Gerhard Ebeling. Insel Verlag Frankfurt am Main 1982.

Conrad Ferdinand Meyer (1825-1898)
Friede auf Erden, S. 98 · Weihnacht in Ajaccio, S. 100
Aus: Conrad Ferdinand Meyer, Gedichte. Haessel Verlag, Leipzig 1920.

Christian Morgenstern (1871-1914)
Winternacht, S. 110 · Das Weihnachtsbäumlein, S. 111
Aus: Christian Morgenstern, Sämtliche Dichtungen. Hg. von Heinrich O. Proskauer. Zbinden Verlag, Basel 1980.

Eduard Mörike (1804-1875)
Die heilige Nacht, S. 77 · Christbescherung, S. 79
Aus: Eduard Mörike, Werke. Hg. von Hannsludwig Geiger. Emil Vollmer Verlag, München o.J.

Novalis (1772-1801)
Wo bleibst du Trost der ganzen Welt?, S. 43 · Fern im Osten wird es helle, S. 46
Aus: Geistliche Lieder, in: Novalis, Werke, Tagebücher und Briefe. Hg. von Hans-Joachim Mähl und Richard Samuel. Bd. 1: Das dichterische Werk. Carl Hanser Verlag, München Wien 1778.

Rainer Maria Rilke (1875-1926)
Advent, S. 113 · Geburt Christi, S. 114 · Vor Weihnachten 1914, S. 115 · Die Heiligen Drei Könige. Legende, S. 119
Aus: Rainer Maria Rilke, Die Gedichte in einem Band. Insel Verlag Frankfurt am Main 1986.

Friedrich Rückert (1788-1866)
Das Kind ist uns geboren, S. 56
Aus: Poetischer Hausschatz des deutschen Volkes. Ein Buch für Schule und Haus von Dr. O. L. B. Wolff. Verlag von Otto Wigand, Leipzig [22]1866.

Moritz Gottlieb Saphir (1795-1858)
Ein Weihnachtsbaum, S. 58
Aus: Moritz Gottlieb Saphir's Schriften. Gesamt-Ausgabe in 26 Bänden. Band XXIV. Verlag von Karakiat & Sohn, Brünn, Wien und Leipzig 1886-88.

Adele Schopenhauer (1797-1849)
Weihnachten wird es für die Welt!, S. 70
Aus: Adele Schopenhauer, Gedichte und Scherenschnitte, 2 Bände.

Hg. von H.H. Houben und Hans Wahl. Klinckhardt Verlag, Leipzig 1920.

Angelus Silesius (1624-1677)
Du allerschönstes Bild, S. 27
Aus: Morgen kommt der Weihnachtsmann. Ausgewählt von Ursula Dotzler. Wilhelm Goldmann Verlag, München ^{5}1980.

Friedrich von Spee (1591-1635)
Zu Bethlehem geboren, S. 19
Aus: Friedrich von Spee, Weihnachtsbuch der Lieder. Insel Verlag Frankfurt am Main 1975.

Theodor Storm (1817-1888)
Weihnachtslied, S. 81 · Weihnachtsabend, S. 82 · Weihnachtsabend, S. 85 · Knecht Ruprecht, S. 87
Aus: Theodor Storm, Sämtliche Werke. Band 1: Gedichte. Hg. von Dieter Lohmeier. Deutscher Klassiker Verlag Frankfurt am Main 1987.

Johannes Tauler (1300-1361)
Weihnachtslied, S. 10
Aus: Poetischer Hausschatz des deutschen Volkes. Ein Buch für Schule und Haus von Dr. O.L.B. Wolff. Verlag von Otto Wigand, Leipzig ^{22}1866.

Ludwig Thoma (1867-1926)
Heilige Nacht, S. 109
Aus: Ludwig Thoma, Gesammelte Werke. Band 6: Ausgewählte Gedichte. Piper Verlag, München 1968.

Ludwig Tieck (1773-1853)
Weihnachten, S. 48
Aus: Ludwig Tieck, Schriften in zwölf Bänden. Band 7: Gedichte. Hg. von Ruprecht Wimmer. Deutscher Klassiker Verlag Frankfurt am Main 1995.

Georg Trakl (1887-1914)
Ein Winterabend, S. 122
Aus: Georg Trakl, Die Dichtungen. Insel Verlag Frankfurt am Main 1989.

Walther von der Vogelweide (ca. 1170-1230)
Gesegnet möchte ich heute aufstehen, S. 9

Aus: Walther von der Vogelweide, Sprüche, Lieder der Leich. Emil Vollmer Verlag, München, Wiesbaden o. J.

Ernst von Wildenbruch (1845-1909)

Weihnacht, S. 102

Aus: Ernst von Wildenbruch, Gesammelte Werke. Hg. von Berthold Litzmann. Grothe, Berlin 1911.

Inhalt

»Weihnachtszeit«

Anthologien
im insel taschenbuch

Alle Jahre wieder. Ein Weihnachtsbuch. Erzählungen, Lieder und Bilder aus alter und neuer Zeit. Ausgewählt von Gottfried Natalis. it 1362. 447 Seiten

Das Buch vom Schnee. Lesestoff für Wintertage. Herausgegeben von Simone Frieling. it 2695. 224 Seiten

Fröhlicher Advent. Geschichten, Gedichte, Lieder und Bilder für die schönsten Tage des Jahres. Herausgegeben von Franz-Heinrich Hackel. Großdruck. it 2356. 242 Seiten

Geschichten vom Christkind und vom Weihnachtsmann. Ausgewählt von Peter Wenzel. it 2973. 112 Seiten

Geschichten vom Nikolaus. Gesammelt von Felix Karlinger. it 1769. 146 Seiten

Happy New Year. Geschichten und Gedichte zum Jahreswechsel. Ausgewählt von Gesine Dammel. it 2980. 112 Seiten

Märchen zur Weihnacht. Ein Hausbuch für groß und klein. Herausgegeben von Franz-Heinrich Hackel. it 1649. 292 Seiten

Die schönsten Weihnachtsgedichte. Von Martin Luther bis Robert Gernhardt. Herausgegeben von Gesine Dammel. it 2580. 128 Seiten

Die schönsten Weihnachtsgeschichten. Ausgewählt von Gesine Dammel. it 2830. 144 Seiten

NF 21/1/8.03

O Tannenbaum. Geschichten und Gedichte zur Weihnachtszeit. Ausgewählt von Gesine Dammel. it 2972. 128 Seiten

Weihnachten. Erzählungen aus alter und neuer Zeit. Ausgewählt von Gottfried Natalis. Mit zahlreichen Abbildungen und Initialen. it 946. 463 Seiten

Weihnachten, wie es war. Alte Erzählungen und Bilder. Ausgewählt von Gottfried Natalis. Mit farbigen Abbildungen. Großdruck. it 2352. 282 Seiten

Weihnachtserzählungen des 20. Jahrhunderts. Ausgewählt von Gottfried Natalis. it 1648. 218 Seiten

Die Insel-Weihnachtsbücher. Drei Bände in Geschenkkassette.
- Das Weihnachtsbuch. Mit alten und neuen Geschichten, Gedichten und Liedern. Ausgewählt von Elisabeth Borchers. it 46. 297 Seiten
- Das Weihnachtsbuch der Lieder. Mit alten und neuen Liedern zum Singen und Spielen. Ausgewählt von Gottfried Natalis. Mit einem Nachwort von Ernst Klusen. Mit zahlreichen Bildern. it 157. 208 Seiten
- Das Weihnachtsbuch für Kinder. Mit Geschichten, Gedichten und Bildern. Ausgewählt von Elisabeth Borchers. it 156. 292 Seiten

Weihnachtsgedichte aus tausend Jahren. Ausgewählt von Gesine Dammel. Großdruck. it 2785. 150 Seiten

Weihnachtsgeschichten aus Spanien. Herausgegeben von Michi Strausfeld. it 2786. 190 Seiten

Wundersame Geschichten von Engeln. Gesammelt von Felix Karlinger. it 1226. 134 Seiten

NF 21/2/8.03

Klassische deutsche Literatur
im insel taschenbuch
Eine Auswahl

Der Kanon. Die deutsche Literatur. Herausgegeben von Marcel Reich-Ranicki.
- Erzählungen. 10 Bände und ein Begleitband im Schuber. 5700 Seiten
- Romane. 20 Bände im Schuber. 8112 Seiten
- Dramen. 8 Bände und ein Begleitband im Schuber. 4500 Seiten

Georg Büchner. Sämtliche Werke. Die kommentierte Ausgabe des Deutschen Klassiker Verlages. Zwei Bände in Kassette im insel taschenbuch. Herausgegeben von Henri Poschmann unter Mitarbeit von Rosemarie Poschmann. 2320 Seiten

Wilhelm Busch. Gedichte. Ausgewählt von Theo Schlee. Mit Illustrationen von Wilhelm Busch. it 2531. 195 Seiten

Annette von Droste-Hülshoff
- Der Distel mystische Rose. Gedichte und Prosa. Ausgewählt von Werner Fritsch. it 2193. 170 Seiten
- Die Judenbuche. Ein Sittengemälde aus dem gebirgichten Westfalen. Mit Illustrationen von Max Unold. it 399. 128 Seiten. it 3096. 108 Seiten
- Liebesgedichte. Ausgewählt von Werner Fritsch. it 2876. 136 Seiten
- Sämtliche Erzählungen. Herausgegeben von Manfred Häckel. it 1521. 234 Seiten
- Sämtliche Gedichte. Nachwort von Ricarda Huch. it 1092. 750 Seiten

NF 26/1/3.06

Marie von Ebner-Eschenbach. Dorf- und Schloßgeschichten. Ausgewählt und mit einem Nachwort versehen von Joseph Peter Strelka. it 1272. 390 Seiten

Joseph Freiherr von Eichendorff
- Aus dem Leben eines Taugenichts. Mit Illustrationen von Adolf Schrödter und einem Nachwort von Ansgar Hillach. it 202. 154 Seiten
- Gedichte. Mit Zeichnungen von Otto Ubbelohde. Herausgegeben von Traude Dienel. it 255. 163 Seiten
- Gedichte. In chronologischer Folge herausgegeben von Hartwig Schultz. it 1060. 268 Seiten
- Liebesgedichte. Herausgegeben vonWilfried Lutz. it 2591. 219 Seiten
- Novellen und Gedichte. Ausgewählt und eingeleitet von Hermann Hesse. it 360. 325 Seiten
- Sämtliche Gedichte und Versepen. Herausgegeben von Hartwig Schultz. it 3158. 752 Seiten

Theodor Fontane
- Briefe an Georg Friedlaender. Herausgegeben und mit einem Nachwort von Walter Hettche. Mit einem Essay von Thomas Mann. it 1565. 486 Seiten
- Effi Briest. Mit 21 Lithographien von Max Liebermann. it 138 und it 2811. 354 Seiten
- Ein Leben in Briefen. Ausgewählt und herausgegeben von Otto Drude. it 540. 518 Seiten
- Ein Sommer in London. Mit einem Nachwort von Harald Raykowski. it 1723. 252 Seiten
- Fontane für Gestreßte. Ausgewählt von Otto Drude. it 3030. 106 Seiten
- Frau Jenny Treibel oder »Wo sich Herz zum Herzen findt«. Roman. Mit einem Nachwort von Richard Brinkmann. it 746 und it 2952. 269 Seiten

NF 26/2/3.06

- Gedichte. Ausgewählt und mit einem Nachwort von Rüdiger Görner. it 2221. 200 Seiten
- Die Gedichte. Herausgegeben von Otto Drude. it 2684. 751 Seiten
- Grete Minde. Nach einer altmärkischen Chronik. Mit einem Nachwort von Peter Demetz. it 1157. 154 Seiten
- Meine Kinderjahre. Autobiographischer Roman. Mit einem Nachwort von Otto Drude. Mit Illustrationen und Abbildungen. it 705. 276 Seiten
- Der Stechlin. Mit einem Nachwort von Walter Müller-Seidel. it 152. 504 Seiten
- Unterm Birnbaum. Erzählung. Mit einem Nachwort von Otto Drude. Großdruck. it 2428. 192 Seiten

Georg Forster. Reise um die Welt. Herausgegeben und mit einem Nachwort von Gerhard Steiner. it 757. 1039 Seiten

Johann Wolfgang Goethe
- Elegie von Marienbad. it 1250. 128 Seiten
- Erotische Gedichte. Gedichte, Skizzen und Fragmente. Herausgegeben von Andreas Ammer. it 1225. 246 Seiten
- Faust. Text und Kommentar. Herausgegeben von Albrecht Schöne. Zwei Bände in Kassette. it 3000. 1976 Seiten
- Gedichte. Sämtliche Gedichte in zeitlicher Folge. Herausgegeben von Heinz Nicolai. it 2281. 1264 Seiten
- Gedichte in zeitlicher Folge. Herausgegeben von Heinz Nicolai. it 1400. 1249 Seiten
- Gedichte in Handschriften. Fünfzig Gedichte Goethes. Ausgewählt und erläutert von Karl Eibl. it 2175. 288 Seiten
- Goethe für Gestreßte. Ausgewählt von Walter Hinck. it 1900. 132 Seiten
- Goethe, unser Zeitgenosse. Über Fremdes und Eigenes. Herausgegeben von Siegfried Unseld. it 1425. 154 Seiten

NF 26/3/3.06

- Italienische Reise. Mit Zeichnungen des Autors. Herausgegeben und mit einem Nachwort von Christoph Michel. it 175. 808 Seiten
- Das Leben, es ist gut. Hundert Gedichte. Ausgewählt von Siegfried Unseld. it 2000. 204 Seiten
- Die Leiden des jungen Werther. it 2775. 170 Seiten
- Liebesgedichte. Ausgwählt von Karl Eibl. it 2825. 128 Seiten
- Märchen. Der neue Paris. Die neue Melusine. Das Märchen. Herausgegeben von Katharina Mommsen. it 2287. 232 Seiten
- Maximen und Reflexionen. Text der Ausgabe von 1907 mit der Einleitung Max Heckers. Nachwort Isabella Kuhn. it 200. 370 Seiten
- Novelle. Herausgegeben von Peter Höfle. it 2625. 80 Seiten
- Novellen. Herausgegeben und mit einem Nachwort von Katharina Mommsen. Mit Zeichnungen von Max Liebermann. it 425. 293 Seiten
- Ob ich dich liebe weiß ich nicht. Liebesgedichte. Herausgegeben von Karl Eibl. Großdruck. it 2396. 175 Seiten
- Tagebuch der Italienischen Reise 1786. Notizen und Briefe aus Italien. Mit Skizzen und Zeichnungen des Autors. Herausgegeben und erläutert von Christoph Michel. it 176. 402 Seiten
- Verweile doch. 111 Gedichte mit Interpretation. Herausgegeben von Marcel Reich-Ranicki. it 1775. 512 Seiten
- Die Wahlverwandtschaften. Ein Roman. it 1. 333 Seiten. it 2950. 314 Seiten
- West-östlicher Divan. Mit Essays zum »Divan« von Hugo von Hofmannsthal, Oskar Loerke und Karl Krolow. Herausgegeben von Hans-J. Weitz. it 75. 400 Seiten

Wilhelm Hauff
- Die Geschichte von dem kleinen Muck. Mit Illustrationen von Fritz Fischer und einem Nachwort von Ludwig Harig. it 2867. 94 Seiten

- Märchen. Herausgegeben von Bernhard Zeller. Mit Illustrationen von Theodor Weber, Theodor Hosemann und Ludwig Burger. it 216. 480 Seiten
- Das Wirtshaus im Spessart. Eine Erzählung. it 2584. 202 Seiten

Heinrich Heine
- Buch der Lieder. Mit zeitgenössischen Illustrationen und einem Nachwort von E. Galley. it 33. 322 Seiten
- Deutschland. Ein Wintermärchen. Mit einem Nachwort von Thomas Rosenlöcher. it 3153. 136 Seiten
- Heine für Gestreßte. Ausgewählt von Joseph Anton Kruse. it 3155. 112 Seiten
- Liebesgedichte. Ausgewählt von Thomas Brasch. it 2822. 96 Seiten
- Mein Leben. Autobiographische Texte. Ausgewählt von Joseph Anton Kruse. Mit zahlreichen Abbildungen. it 3154. 208 Seiten
- Der Rabbi von Bacherach. Ein Fragment. Mit einem Nachwort von Joseph A. Kruse. Großdruck. it 2426. 120 Seiten
- Sämtliche Gedichte in zeitlicher Folge. Herausgegeben von Klaus Briegleb. it 1963. 917 Seiten
- Späte Gedichte und Lyrik aus dem Nachlaß. Herausgegeben von Joseph A. Kruse und Marianne Tilch. it 3036. 320 Seiten

Johann Gottfried Herder. Lieder der Liebe. it 2643. 120 Seiten

E. T. A. Hoffmann
- Die Abenteuer der Silvester-Nacht. Mit farbigen Illustrationen von Monika Wurmdobler. it 798. 81 Seiten
- Die Elixiere des Teufels. Mit Illustrationen von Hugo Steiner-Prag. it 304. 349 Seiten
- Das Fräulein von Scuderi. Erzählung aus dem Zeitalter Ludwigs des Vierzehnten. Mit Illustraionen von Lutz Siebert. it 410. 127 Seiten

NF 26/5/3.06

- Lebensansichten des Katers Murr, nebst fragmentarischer Biographie des Kapellmeisters Johannes Kreisler in zufälligen Makulaturblättern. Mit Illustrationen von Maximilian Liebenwein. it 168. 506 Seiten
- Der Sandmann. Mit Illustrationen von Hugo Steiner-Prag und einem Nachwort von Jochen Schmidt. it 934. 84 Seiten

Friedrich Hölderlin
- Hyperion oder Der Eremit in Griechenland. Herausgegeben und mit einem Nachwort versehen von Jochen Schmidt. it 365. 240 Seiten
- Sämtliche Gedichte und Hyperion. Herausgegeben von Jochen Schmidt. it 2796. 667 Seiten
- Die schönsten Gedichte. Ausgewählt und mit einem Nachwort versehen von Jochen Schmidt. it 1508. 128 Seiten

Alexander von Humboldt. Die Kosmos-Vorträge 1827/28 in der Berliner Singakademie. Herausgegeben von Jürgen Hamel und Klaus-Harro Tiemann in Zusammenarbeit mit Martin Pape. it 3065. 233 Seiten

Gottfried Keller
- Der grüne Heinrich. Erste Fassung. Mit Zeichnungen Gottfried Kellers und seiner Freunde. Zwei Bände. it 335. 874 Seiten. it 2944. 960 Seiten
- Die Leute von Seldwyla. Vollständige Ausgabe der Novellensammlung. Mit einem Nachwort von Gerhard Kaiser. it 958. 732 Seiten
- Romeo und Julia auf dem Dorfe. Mit einem Nachwort von Klaus Jeziorkowski. it 756. 139 Seiten
- Das Sinngedicht. Novellen. Mit einem Essay von Gerhard Kaiser und ausgewählten Abbildungen. it 2708. 335 Seiten
- Spiegel, das Kätzchen. Ein Märchen. it 2768. 92 Seiten

NF 26/6/3.06